Wok

Grillen

Nudel
Gerichte

Salate

Tapas

Schokolade

Gerichte

Desserts

Partyküche

Cupcakes &
Muffins

Vegan

Säfte &
Shakes

Studenten
Küche

Vegetarisch

Backen

Sommerliche Küche

Frische Aromen für die sonnigen Tage

Parragon

Bath • New York • Cologne • Melbourne • Delhi
Hong Kong • Shenzhen • Singapore

Parragon Books Ltd
Chartist House
15–17 Trim Street
Bath BA1 1HA, UK
www.parragon.com

Realisation der deutschen Ausgabe: trans texas publishing services GmbH, Köln
Satz: Regine Ermert, Köln

ISBN 978-1-4748-3749-1

Printed in China

Hinweis

Sofern die Schale von Zitrusfrüchten benötigt wird, verwenden Sie unbedingt unbehandelte Früchte. Sind Zutaten in Löffeln angegeben, ist immer ein gestrichener Löffel gemeint. Ein Teelöffel entspricht 5 ml, ein Esslöffel 15 ml.

Sofern nicht anders angegeben, wird Vollmilch (3,5 % Fett) verwendet. Es sollte stets frisch gemahlener schwarzer Pfeffer verarbeitet werden.

Bei Eiern und einzelnen Gemüsesorten, z. B. Kartoffeln, verwenden Sie mittelgroße Exemplare. Kinder, ältere Menschen, Schwangere, Kranke und Rekonvaleszenten sollten auf Gerichte mit rohen oder nur leicht gegarten Eiern verzichten.

Die angegebenen Zeiten können von den tatsächlichen leicht abweichen, da je nach verwendeter Zubereitungsmethode und vorhandenem Backofentyp Schwankungen auftreten.

Inhaltsverzeichnis

Einleitung	4
Erfrischende Suppen, Salate & Snacks	6
Gemüse-Leichtigkeit	46
Fleischgenuss in lauen Nächten	84
Der Geschmack des Meeres	120
Süße Abkühlung	162
Register	208

Einleitung

Einleitung

Noch vor hundert Jahren standen auf dem Speisezettel der Europäer hauptsächlich Lebensmittel, die ihre nächste Umgebung an jahreszeitlichen tierischen und pflanzlichen Produkten hergab. Naturgemäß war zu der Zeit das Angebot im Winter und im Frühjahr bescheidener als in den Sommer- und Herbstmonaten. Die modernen Transportmittel und der intensive internationale Warenverkehr sorgen heute dafür, dass zumindest in den reichen Ländern das ganze Jahr hindurch nahezu alle Lebensmittel der Welt jederzeit erhältlich sind. Entsprechend haben sich auch in der Küche die Unterschiede zwischen den Jahreszeiten weitgehend verflüchtigt.

Mittlerweile entdecken aber wieder immer mehr Verbraucher (und auch Köche) die großen Vorzüge regionaler Produkte, die ohne immense Transportwege oder chemischer Hilfsstoffe frisch auf die lokalen Märkte ... und auf den Tisch kommen. Und da ist in Europa natürlich

der Sommer die Jahreszeit mit dem üppigsten Angebot – insbesondere an Salaten und Gemüsen, Kräutern, Saaten und Obst, aber auch an Fisch und Meeresfrüchten.

Unser Buch nutzt dieses verlockende Angebot, um Sie mit einer Vielzahl leichter, gesunder und wohlschmeckender Gerichte kulinarisch durch die schönste Jahreszeit zu begleiten – von köstlichen Vorspeisen, erfrischenden Suppen, Salaten und Snacks über leichte Gemüse-, Fleisch- und Fischgerichte bis hin zu verführerischen Desserts.

Die Sommerrezepte, die Sie hier finden, sind ohne Mühe und im Nu zubereitet, und vor allem: Sie gestatten Ihnen, der sonnigsten Jahreszeit ohne Küchenstress das Beste abzugewinnen. Beginnen Sie einen schönen Sommermorgen vielleicht mit einem ausgiebigen Bummel über den Wochenmarkt und lassen Sie sich dort dazu inspirieren, etwas auf den Tisch zu bringen, was der betörenden Leichtigkeit und Wärme des Tages entspricht – das passende Rezept dazu finden Sie mit großer Wahrscheinlichkeit in diesem Buch.

Der Sommer mit seinen langen Tagen lädt zum Entspannen geradezu ein. Und dazu gehört auch, sich für die Mahlzeiten viel Zeit zu lassen, um gemeinsam mit anderen den Augenblick zu feiern und all die unwiderstehlichen Leckereien vollauf zu genießen!

Erfrischende Suppen, Salate & Snacks

Avocadosalat

Erfrischende Suppen, Salate & Snacks

Zutaten für 4 Personen

- 60 g gemischte rote und grüne Salatblätter
- 60 g Rucola
- 4 Frühlingszwiebeln, klein geschnitten
- 4 Tomaten, in Scheiben geschnitten
- 25 g Walnüsse, geröstet und gehackt
- 2 Avocados
- 1 EL Zitronensaft

Limettendressing

- 1 EL Limettensaft
- 1 TL Dijon-Senf
- 1 EL saure Sahne
- 1 EL frisch gehackte Petersilie oder Koriander
- 3 EL natives Olivenöl extra
- 1 Prise Zucker
- Salz und Pfeffer

So geht's

Salatblätter und Rucola waschen und abtropfen lassen. Die Blätter klein zupfen und in eine große Salatschüssel geben. Frühlingszwiebeln, Tomaten und Walnüsse darauf verteilen.

Die Avocados entkernen, schälen und in Scheiben oder Würfel schneiden. Mit dem Zitronensaft bestreichen, damit sie nicht braun werden, und in die Schüssel geben. Sanft durchheben.

Alle Zutaten für das Dressing in ein Schraubglas geben und gut schütteln. Über den Salat träufeln und sofort servieren.

Melonen-Artischocken-Salat

Erfrischende Suppen, Salate & Snacks

Zutaten für 8 Personen

- 12 Babyartischocken, Stiele und äußere Blätter entfernt und die Blattspitzen abgeschnitten
- Saft von ½ Zitrone
- 2 EL Olivenöl
- 1 kleine Cantaloupe- oder Netzmelone
- 200 g Chorizo, gehäutet und in Stücke geschnitten
- frischer Estragon oder glatte Petersilie, zum Garnieren

Dressing

- 3 EL natives Olivenöl extra
- 1 EL Rotweinessig
- 1 TL Senf
- 1 EL frisch gehackter Estragon
- Salz und Pfeffer

So geht's

Die Artischocken vierteln und mit dem Zitronensaft beträufeln.

Das Olivenöl in einer Pfanne erhitzen und die Artischocken darin unter häufigem Wenden 5 Minuten andünsten, bis sie goldbraun werden. Aus der Pfanne heben, in eine Servierschale geben und abkühlen lassen.

Die Melone halbieren, entkernen und schälen. Das Fruchtfleisch in mundgerechte Stücke schneiden und zu den Artischocken geben. Die Chorizo ebenfalls zufügen.

Für das Dressing alle Zutaten in einer Schüssel verrühren. Kurz vor dem Servieren über den Salat gießen und vermengen. Mit Estragon oder Petersilie garnieren und sofort servieren.

Spargel-Tomaten-Salat

Zutaten für 4 Personen

- 250 g grüner Spargel, holzige Enden entfernt
- 100 g Feldsalat
- 25 g Rucola
- 500 g vollreife Tomaten, in Scheiben geschnitten
- 12 entsteinte schwarze Oliven, in Ringe geschnitten
- 1 EL geröstete Pinienkerne

Dressing

- 1 TL Zitronenöl
- 3 EL Olivenöl
- 1 TL körniger Senf
- 2 EL Balsamico-Essig
- Salz und Pfeffer

So geht's

Den Spargel in einem Topf mit Salzwasser 8–10 Minuten al dente garen. Unter fließend kaltem Wasser abschrecken und in 5 cm lange Stücke schneiden.

Feldsalat und Rucola auf einer großen Servierplatte verteilen und die Tomatenscheiben und Spargelstücke darauf anrichten. Mit Oliven und Pinienkernen bestreuen.

Für das Dressing alle Zutaten in ein Schraubglas füllen, kräftig schütteln und über den Salat gießen. Sofort servieren.

Zucchinisalat mit Minzedressing

Zutaten für 4 Personen

- 2 Zucchini, in Stifte geschnitten
- 100 g grüne Bohnen, in Stücke geschnitten
- 1 grüne Paprika, in Streifen geschnitten
- 2 Selleriestangen, in feine Scheiben geschnitten
- 1 Bund Brunnenkresse

Dressing

- 200 g Naturjoghurt
- 1 Knoblauchzehe, zerdrückt
- 2 EL frisch gehackte Minze
- Salz und Pfeffer

So geht's

Salzwasser in einem Topf zum Kochen bringen, Zucchini und Bohnen zugeben und 8–10 Minuten garen, bis sie al dente sind. Abgießen, unter fließend kaltem Wasser abschrecken, abtropfen und abkühlen lassen.

Zucchini, Bohnen, Paprika und Sellerie in eine große Schüssel geben und vermengen. Die Brunnenkresse auf dem Salat verteilen.

Für das Dressing alle Zutaten in einer Schüssel verrühren, über den Salat gießen und unterheben. Sofort servieren.

Insalata Caprese

Zutaten für 4 Personen

- 300 g Mozzarella, abgetropft
- 8 Eiertomaten
- Salz und Pfeffer
- 20 frische Basilikumblätter
- 100 ml natives Olivenöl extra

So geht's

Den Mozzarella und die Tomaten in dünne Scheiben schneiden.

Käse und Tomaten auf vier Serviertellern einander überlappend anrichten und salzen. An einem kühlen Ort 30 Minuten ziehen lassen.

Die Basilikumblätter auf den Tellern verteilen. Mit Pfeffer würzen und mit dem Öl beträufeln. Sofort servieren.

Mini-Paprika mit Hähnchen

Zutaten für 12 Stück

- 70 g Doppelrahm-Frischkäse
- 2 Knoblauchzehen, fein gehackt
- 2 TL fein gehackter frischer Rosmarin
- 1 EL fein gehacktes frisches Basilikum
- 1 EL fein gehackte frische Petersilie
- 15 g fein geriebener Parmesan
- 150 g gegarte Hähnchenbrust, fein gehackt
- 3 Frühlingszwiebeln, fein gehackt
- Meersalz und Pfeffer
- 12 Mini-Paprika in verschiedenen Farben (350 g Gesamtgewicht)

So geht's

Den Backofen auf 190 °C vorheizen. Ein Backblech mit Backpapier auslegen.

Frischkäse, Knoblauch, Rosmarin, Basilikum und Petersilie in einer Schüssel vermischen, den Parmesan zugeben und alles mit einem Löffel verrühren.

Hähnchen und Frühlingszwiebeln zugeben, dann mit Salz und Pfeffer abschmecken.

Die Paprikafrüchte vom Stielansatz bis zur Spitze einritzen, dabei den Stiel nicht entfernen. Dann einen Schlitz quer hineinschneiden, sodass ein Teelöffel in die Paprika passt, um die Kerne herauszulöffeln.

Die Paprika mit der Hähnchen-Käse-Mischung füllen, dann auf das vorbereitete Backblech legen. Im vorgeheizten Ofen 15 Minuten backen, bis die Paprika weich und stellenweise leicht gebräunt sind.

Die gefüllten Paprika etwas abkühlen lassen, dann auf einen Teller heben. Warm oder kalt servieren. Am besten schmecken sie am Tag der Zubereitung, sie sollten im Kühlschrank aufbewahrt werden.

Schinken-Melone auf Spargel

Erfrischende Suppen, Salate & Snacks

Zutaten für 4 Personen

- 250 g grüner Spargel, holzige Enden entfernt und die Stangen auf eine Länge gekürzt
- 8 Scheiben Parmaschinken
- 1 kleine Galia- oder Cantaloupe-Melone, geschält und in 16 Spalten geschnitten
- 150 g gemischte Salatblätter
- Salz und Pfeffer
- 80 g Himbeeren
- 2 EL frisch gehobelter Parmesan

Dressing

- 1 EL Balsamico-Essig
- 2 EL Himbeeressig
- 2 EL Orangensaft
- 1 Prise Salz

So geht's

Salzwasser in einem Topf zum Kochen bringen. Den Spargel darin bei mittlerer Hitze 10 Minuten garen, bis er gar, aber noch al dente ist. Abgießen und unter fließend kaltem Wasser abschrecken. Abtropfen lassen und beiseitestellen.

Die Schinkenscheiben längs halbieren und um die Melonenspalten wickeln.

Auf einer großen Servierplatte den Spargel und daneben die Salatblätter anrichten und mit etwas Salz und Pfeffer würzen. Die Melonenspalten daraufsetzen.

Die Himbeeren um die Melonenspalten herum verteilen und alles mit dem Parmesan bestreuen. Die Zutaten für das Dressing in ein Schraubglas füllen und kräftig schütteln. Über den Salat gießen und sofort servieren.

Gazpacho aus gelben Tomaten

Erfrischende Suppen, Salate & Snacks

Zutaten für 4–6 Personen

- 900 g große gelbe Tomaten, halbiert
- ½ Salatgurke, geschält, entkernt und gewürfelt
- 1 gelbe Paprika, gewürfelt
- 100 g rote Cocktailtomaten, entkernt und gehackt
- 3 große Frühlingszwiebeln, fein gehackt
- 1–2 frische grüne Chilis, entkernt und fein gehackt
- 2 EL Weißweinessig
- 3 EL natives Olivenöl extra, plus etwas mehr zum Beträufeln
- 4 Knoblauchzehen
- ½ EL Meersalz, nach Geschmack mehr
- ¼ TL Pfeffer, nach Belieben mehr
- ¼ TL Zucker
- 1 kleine Handvoll Basilikumblätter in Streifen geschnitten, zum Garnieren
- Knoblauch-Croûtons, zum Servieren

So geht's

Mit einem Löffel Kerne und Saft aus den gelben Tomaten kratzen. Kerne und Saft durch ein über einer Schüssel platziertes Sieb streichen. Das Fruchtfleisch fein würfeln und mit in die Schüssel geben.

Je 4 Esslöffel Gurken- und Paprikawürfel beiseitestellen. Die gesamten gehackten Cocktailtomaten beiseitestellen.

Die verbliebenen Gurken- und Paprikawürfel zu den gelben Tomatenwürfeln geben. Frühlingszwiebeln, Chili, Essig und Öl hinzufügen.

Die Tomatenmischung in eine Küchenmaschine geben und 2 Minuten sehr fein pürieren. Zurück in die Schüssel füllen.

Den Knoblauch mit dem Salz in einem Mörser zerstoßen und mit Pfeffer und Zucker zu den pürierten Tomaten geben. Einige Stunden im Kühlschrank aufbewahren und erkalten lassen.

Abschmecken und bei Bedarf mehr Salz und Pfeffer hinzufügen. Die gekühlte Suppe auf Suppenteller verteilen.

Mit den beiseitegestellten Gemüsewürfeln bestreuen. 1 Spritzer Öl und ein wenig Basilikum hinzufügen und mit Knoblauch-Croûtons servieren.

Erbsen-Kräuter-Suppe

Zutaten für 4 Personen

- 30 g Butter
- 6 Frühlingszwiebeln, gehackt
- 1 Selleriestange, fein gehackt
- 375 g gefrorene oder frische gepalte Erbsen
- 700 ml Gemüsebrühe
- 2 EL frisch gehackter Dill
- 1 EL frisch gehackter Schnittlauch
- 35 g Rucola
- 2 EL Crème fraîche
- Salz und Pfeffer
- Grissini, zum Servieren

Basilikumöl

- 1 Bund (30 g) Basilikum
- 200 ml Olivenöl

So geht's

Die Butter in einem Topf bei mittlerer Hitze zerlassen. Frühlingszwiebeln und Sellerie hinzugeben, abdecken und 5 Minuten dünsten. Erbsen und Brühe zugeben, aufkochen und 10 Minuten köcheln lassen. Vom Herd nehmen. Zugedeckt 20 Minuten abkühlen lassen.

In der Zwischenzeit für das Basilikumöl die Basilikumblätter von den Stängeln zupfen und mit der Hälfte des Öls im Mixer pürieren. Das restliche Öl hinzugießen und erneut mixen. In eine kleine Schale umfüllen.

Dill, Schnittlauch und Rucola in die Suppe geben und mit dem Stabmixer alles glatt pürieren. Die Crème fraîche einrühren. Die Suppe sanft wieder erhitzen, ohne sie zu kochen, und mit Salz und Pfeffer abschmecken.

Die Suppe vollständig auskühlen lassen und mindestens 1 Stunde in den Kühlschrank stellen, dann abschmecken. Die Suppe auf vier Suppenschalen verteilen und mit dem Basilikumöl beträufeln. Mit Grissini servieren.

Melonen-Tomaten-Suppe

Erfrischende Suppen, Salate & Snacks

Zutaten für 6 Personen

- 1,5 kg Wassermelone
- 4 Tomaten, gehäutet und entkernt
- 10-cm-Stück Salatgurke, geschält, entkernt und in Stücke geschnitten
- 2 Frühlingszwiebeln, nur die grünen Teile, fein gehackt
- 1 EL frisch gehackte Minze
- Salz und Pfeffer
- Minzeblätter, zum Garnieren

So geht's

Das Wassermelonen-Fruchtfleisch aus der Schale lösen, entkernen und in Stücke schneiden.

Die Tomaten mit einem Pürierstab oder in der Küchenmaschine pürieren. Bei laufendem Motor Gurke, Frühlingszwiebeln, Wassermelone und Minze zugeben. Mit Salz und Pfeffer würzen und glatt mixen.

Falls Sie weder Pürierstab noch eine Küchenmaschine besitzen, drücken Sie die Wassermelonenstücke durch ein feinmaschiges Sieb in eine Schüssel. Die Tomaten ganz fein hacken und zu der Wassermelone geben. Mit Salz und Pfeffer abschmecken. Die Gurke fein hacken und zusammen mit den Frühlingszwiebeln zur Mischung geben.

Die Suppe über Nacht kalt stellen. Noch einmal abschmecken und auf Suppentellern anrichten. Mit Minze garnieren und servieren.

Sommerliche Hühnersuppe

Zutaten für 4 Personen

- 1 EL Olivenöl
- 2 Hähnchenbrustfilets, in dünne Streifen geschnitten
- 2 Knoblauchzehen, zerdrückt
- 2 Zucchini, in 1 cm dicke Würfel geschnitten
- 200 g grüne Bohnen, in 2 cm lange Stücke geschnitten
- 350 g Tomaten, entkernt und grob gehackt
- 400 g Pinto- oder Borlotti-bohnen aus der Dose, abgespült und abgetropft
- 1,2 l Gemüsebrühe
- 12 frisch zerzupfte Basilikumblätter
- Pfeffer
- frisch gehobelter Parmesan, zum Servieren

So geht's

Das Öl in einem großen Topf auf mittlerer Stufe erhitzen. Hähnchen und Knoblauch zugeben und 3 Minuten unter Rühren garen, aber nicht bräunen.

Zucchini, grüne Bohnen, Tomaten, Dosenbohnen und Brühe zugeben. Abdecken und 10–12 Minuten köcheln lassen, bis das Hähnchenfleisch gar ist. Die Basilikumblätter zugeben und alles mit Pfeffer würzen.

Die Suppe sofort in vorgewärmte Suppenschalen geben, mit Parmesanhobeln bestreuen und servieren.

Sonnenschein-Risotto

Erfrischende Suppen, Salate & Snacks

Zutaten für 6 Personen

- 12 sonnengetrocknete Tomaten
- 2 EL Olivenöl
- 1 große Zwiebel, fein gehackt
- 4–6 Knoblauchzehen, fein gehackt
- 400 g Risotto-Reis
- 1,5 l kochend heiße Hähnchen- oder Gemüsebrühe
- Salz und Pfeffer
- 2 EL frisch gehackte glatte Petersilie
- 120 g frisch geriebener Parmesan

So geht's

Die getrockneten Tomaten in eine hitzebeständige Schüssel geben und mit kochendem Wasser begießen. 30 Minuten ziehen lassen, bis sie weich sind. Abgießen und mit Küchenpapier trocken tupfen, dann in feine Streifen schneiden und beiseitestellen.

Das Öl in einem tiefen Topf langsam erhitzen. Die Zwiebel hineingeben und unter gelegentlichem Rühren 2 Minuten dünsten, bis sie weich wird. Den Knoblauch zugeben und 15 Sekunden weiterdünsten. Auf kleine Hitze stellen, den Reis zugeben und mit dem Öl überziehen. Unter ständigem Rühren 2–3 Minuten braten, bis die Reiskörner glasig sind.

Nach und nach mit einer Schöpfkelle die heiße Brühe zugießen. Dabei ständig rühren, und wenn die Brühe aufgesogen ist, erneut eine Schöpfkelle zugießen. Auf starke Hitze stellen, damit die Flüssigkeit kocht. Nach etwa 15 Minuten die eingeweichten Tomaten einrühren und mit Salz und Pfeffer würzen. Weiterhin Brühe zugießen und ständig rühren, bis die gesamte Brühe aufgebraucht und der Reis cremig ist. Das dauert etwa 20 Minuten.

Den Topf vom Herd nehmen, dann Petersilie und die Hälfte des Parmesans einrühren. Den Risotto auf Teller verteilen und mit dem restlichen Parmesan bestreut servieren.

Mexikanischer Reis

Erfrischende Suppen, Salate & Snacks

Zutaten für 4 Personen

- 1 Zwiebel, gehackt
- 400 g Eiertomaten, geschält, entkernt und gehackt
- 250 ml Gemüsebrühe
- 200 g Langkornreis
- Salz und Pfeffer

So geht's

Zwiebel und Tomaten im Mixer glatt pürieren. Das Püree in einen Topf geben, die Brühe hinzugießen und unter gelegentlichem Rühren bei mittlerer Hitze aufkochen.

Den Reis zufügen, einmal umrühren, die Hitze reduzieren, abdecken und 20–25 Minuten köcheln, bis die Flüssigkeit ganz aufgenommen und der Reis gar ist. Mit Salz und Pfeffer würzen und servieren.

Wraps mit Röstgemüse

Zutaten für 4 Personen

- 1 rote Zwiebel, geachtelt
- 1 rote Paprika, geachtelt
- 1 kleine Aubergine, längs geachtelt
- 1 Zucchini, längs geachtelt
- 1 Knoblauchzehe, zerdrückt
- 4 EL natives Olivenöl extra
- Salz und Pfeffer
- 100 g Feta, zerkrümelt
- 1 kleines Bund Minze, frisch gehackt
- 4 Weizenmehl-Tortillas

So geht's

Den Backofen auf 220 °C vorheizen. Zwiebel, Paprika, Aubergine, Zucchini, Knoblauch, Olivenöl sowie Salz und Pfeffer nach Geschmack auf einem beschichteten Backblech vermengen und in den vorgeheizten Ofen schieben. 15–20 Minuten rösten, bis das Gemüse goldbraun gegart ist.

Das Gemüse aus dem Ofen nehmen und abkühlen lassen. Dann mit Feta und Minze vermischen.

Eine beschichtete Pfanne oder Grillpfanne ohne Fettzugabe auf hoher Stufe erhitzen, dann die Tortillas darin jeweils einige Sekunden erwärmen. Aus der Pfanne nehmen.

Die Gemüsemischung auf die Tortillas verteilen. Einrollen und sofort servieren.

Auberginen-Pâté

Erfrischende Suppen, Salate & Snacks

Zutaten für 6 Personen

- 2 große Auberginen
- 4 EL natives Olivenöl extra
- 2 Knoblauchzehen, sehr fein gehackt
- 4 EL Zitronensaft
- Salz und Pfeffer
- 2 EL grob gehackte, frische glatte Petersilie, zum Garnieren
- 6 ofenfrische Minibaguettes, zum Servieren

So geht's

Den Backofen auf 180 °C vorheizen. Die Haut der Auberginen rundum längs mit der Messerspitze einritzen, ohne ins Fleisch zu schneiden, und auf ein Backblech legen. Im vorgeheizten Ofen 1¼ Stunden backen, bis sie sehr weich sind.

Die Auberginen aus dem Ofen nehmen und abkühlen lassen, bis sie lauwarm sind. Halbieren, das Fruchtfleisch mit einem Löffel von den Schalen kratzen und in eine Schüssel geben. Gründlich zerdrücken.

Das Öl langsam einarbeiten, dann Knoblauch und Zitronensaft einrühren. Mit Salz und Pfeffer abschmecken. Bis zur Verwendung mit Frischhaltefolie abgedeckt im Kühlschrank kalt stellen. Mit der Petersilie bestreuen und mit dem Brot servieren.

Griechische Salat-Crostini

Zutaten für 2 Personen

- 1 Knoblauchzehe, zerdrückt
- 4 EL Olivenöl
- 2 dicke Scheiben Mehrkornbrot
- 200 g Feta, gewürfelt
- Pfeffer
- ¼ Salatgurke, klein gewürfelt
- 25 g entsteinte schwarze Oliven, in dünne Scheiben geschnitten
- 4 Fleischtomaten, gewürfelt
- ½ kleine Zwiebel, gehackt
- 2 frische Minzezweige, Blätter abgezupft und gehackt
- 2 frische Oreganozweige, Blätter abgezupft und gehackt
- ¼ TL Zucker
- 1 Romana-Salatherz, klein geschnitten
- ½ TL geröstete Sesamsaat
- 2 TL Pinienkerne (nach Belieben)

So geht's

Den Backofengrill vorheizen. Knoblauch und Öl in einer großen Salatschüssel verrühren. Die Schüssel sollte alle Zutaten aufnehmen können.

Das Brot auf einen Grillrost legen, dünn mit etwas Knoblauchöl bestreichen und unterm vorgeheizten Grill 2–3 Minuten rösten, bis es knusprig und goldgelb ist. Wenden, dünn mit Öl bestreichen und erneut 2–3 Minuten rösten.

Den Feta zum restlichen Öl in die Schüssel geben und pfeffern (Salz ist nicht nötig, da Käse und Oliven genug Salz enhalten). Gurke, Oliven, Tomaten, Zwiebel, Minze und Oregano einrühren. Mit dem Zucker bestreuen und gut durchrühren. Zuletzt locker den Salat unterheben.

Die Crostini auf Teller verteilen und den Salat darauf anrichten. Mit Sesamsaat und Pinienkernen bestreuen und sofort servieren, solange die Crostini noch heiß und knusprig sind.

Tomatenbruschetta

Erfrischende Suppen, Salate & Snacks

Zutaten für 4 Personen

- 8 Scheiben Bauernbrot, getoastet
- 4 Knoblauchzehen, halbiert
- 8 Flaschentomaten, geschält und gewürfelt
- Salz und Pfeffer
- natives Olivenöl extra, zum Beträufeln
- frische Basilikumblätter, zum Garnieren

So geht's

Jede Brotscheibe mit einer halben Knoblauchzehe einreiben.

Die Tomatenwürfel gleichmäßig auf die Brotscheiben verteilen. Nach Geschmack mit Salz und Pfeffer bestreuen und mit Olivenöl beträufeln. Mit Basilikumblättern garniert sofort servieren.

Paprikaciabatta

Zutaten für 4 Personen

- 2 Eier
- 50 g entsteinte schwarze Oliven, gehackt
- 2 EL frisch gehackter Koriander
- Salz und Pfeffer
- 1 große rote Paprika, in dünne Streifen geschnitten
- 1 große grüne Paprika, in dünne Streifen geschnitten
- 1 große gelbe Paprika, in dünne Streifen geschnitten
- 1 kleine rote Zwiebel, klein gehackt
- 1 Knoblauchzehe, klein gehackt
- 1 EL frisch gehackter Oregano
- 2 EL Olivenöl
- 1 große Ciabatta
- Zitronenspalten, zum Servieren

So geht's

Die Eier in einen Topf geben, mit heißem Wasser bedecken, den Deckel aufsetzen und aufkochen. Die Hitze reduzieren und 8 Minuten köcheln. Abgießen, die Eier unter kaltem Wasser abschrecken und schälen. Dann hacken und in eine Schüssel geben. Oliven und Koriander hinzugeben und mit Salz und Pfeffer würzen. Durchrühren und beiseitestellen.

Den Backofengrill vorheizen. Die Paprikastreifen in einer Schüssel mit Zwiebel, Knoblauch, Oregano und Olivenöl vermischen und mit Salz und Pfeffer würzen.

Die Ciabatta längs aufschneiden. Mit den Schnittflächen nach unten auf den Grillrost legen und 1 Minute toasten, bis das Brot hellbraun ist. Umdrehen und mit der Paprikamischung vollständig bedecken. Ölreste in der Schüssel über das Gemüse träufeln.

Die Ciabattahälften 4–5 Minuten grillen, bis die Paprikastreifen weich und stellenweise gebräunt sind. Die Eiermischung darauf anrichten und sofort mit Zitronenspalten servieren.

Spargelschiffchen

Zutaten für 4 Personen

- 500 g Blätterteig (Fertigprodukt)
- Mehl, zum Bestäuben
- Milch, zum Bestreichen
- 300 g junger grüner Spargel
- 200 g Tomatensauce (Fertigprodukt)
- 1 TL scharfes geräuchertes Paprikapulver
- 4 Eier
- Salz und Pfeffer

So geht's

Den Teig auf einer leicht bemehlten Arbeitsfläche zu einem 36 cm x 20 cm großen Rechteck ausrollen, dann in vier 20 cm x 9 cm große Rechtecke schneiden. Ein Backblech mit Backpapier auslegen und die Teigplatten darauflegen. Den Teig mehrfach mit der Gabel einstechen und mit Milch bestreichen. 20 Minuten kalt stellen.

Die holzigen Spargelenden abbrechen und wegwerfen. In einem Topf leicht gesalzenes Wasser zum Kochen bringen, den Spargel hineingeben, aufkochen und 2–3 Minuten blanchieren. In ein Sieb abgießen, mit kaltem Wasser abschrecken und abtropfen lassen.

Den Backofen auf 200 °C vorheizen. Tomatensauce und Paprikapulver verrühren und die Teigplatten fast bis zum Rand damit bestreichen. 10–12 Minuten im vorgeheizten Ofen backen, bis der Teig an den Rändern aufgegangen und hellgoldgelb ist.

Die Schiffchen aus dem Ofen nehmen und den Spargel darauf anrichten, dabei in der Mitte Platz für ein Ei lassen. Jeweils ein Ei in eine Tasse aufschlagen und zwischen die Spargel gleiten lassen. Die Schiffchen 8 Minuten in den Ofen geben, bis das Ei gerade fest ist. Mit Salz und Pfeffer würzen und sofort servieren.

Gemüse-Leichtigkeit

Sommerliche Gemüsespieße

Gemüse-Leichtigkeit

Zutaten für 4 Personen

- 1 rote Paprika
- 1 gelbe Paprika
- 1 große Zucchini
- 1 Aubergine
- 2 EL Olivenöl
- 3 Knoblauchzehen, zerdrückt
- Salz und Pfeffer

Dip

- 2 EL frisch gehackter Dill
- 2 EL frisch gehackte Minze
- 250 g Naturjoghurt

So geht's

Den Backofen auf 200 °C vorheizen. Das Gemüse in 2 cm große Stücke schneiden und in einer Lage auf einem Backblech verteilen.

Öl und Knoblauch verrühren und über das Gemüse träufeln. Mit Salz und Pfeffer würzen und durchrühren. Im vorgeheizten Ofen 25–30 Minuten rösten, bis das Gemüse zart und leicht angeröstet ist.

Währenddessen für den Dip Dill und Minze in den Joghurt rühren und auf vier Schalen verteilen.

Sobald das Gemüse genügend abgekühlt ist, die Stücke gut gemischt auf zwölf Holzspieße stecken. Warm oder kalt mit dem Dip servieren.

Auberginen-Crêpesröllchen

Gemüse-Leichtigkeit

Zutaten für 4 Personen

- 150 g Mehl
- 1 Prise Salz
- 250 ml Milch
- 100 ml Wasser
- 1 großes Ei
- 2 EL Olivenöl
- Sonnenblumenöl, zum Einfetten

Füllung

- 2 große Auberginen
- Salz und Pfeffer
- Olivenöl, zum Bestreichen
- 2 große rote Paprika, halbiert
- 250 g vegetarischer Frischkäse
- 1 Handvoll frische Basilikumblätter

So geht's

Die Auberginen längs in 8 mm dicke Scheiben schneiden, mit Salz bestreuen und 20 Minuten abtropfen lassen. Abspülen und trocken tupfen.

Den Backofengrill vorheizen. Die Auberginenscheiben in einer Lage auf ein Backblech legen, mit Olivenöl bestreichen und unter einmaligem Wenden goldgelb grillen. Die Paprika mit der Haut nach oben auf ein Backblech legen und unter dem Grill rösten. Häuten und in Streifen schneiden.

Mehl und Salz in eine Schüssel sieben. Milch, Wasser, Ei und Öl zufügen und alles zu einem glatten, Blasen werfenden Teig rühren. 15 Minuten ruhen lassen.

Eine Pfanne (20 cm Ø) leicht einfetten und auf mittlerer Stufe erhitzen. So viel Teig hineingeben und schwenken, dass der Pfannenboden dünn bedeckt wird. Backen, bis die Unterseite goldgelb ist. Wenden und von der anderen Seite goldbraun backen. Den übrigen Teig auf die gleiche Weise verarbeiten. Währenddessen die fertigen Crêpes mit dazwischen gelegtem Küchenpapier warm stellen.

Die Crêpes jeweils paarweise leicht überlappend auslegen. Mit dem Frischkäse bestreichen, mit Auberginen, Paprika und Basilikum belegen, salzen und pfeffern. Jeweils von einer schmaleren Seite her fest einrollen, diagonal halbieren und sofort servieren.

Scharfsaure Zucchini

Gemüse-Leichtigkeit

Zutaten für 4 Personen

- 2 große Zucchini
- 1 TL Salz
- 2 EL Erdnussöl
- 1 TL Sichuan-Pfefferkörner, zerstoßen
- ½ –1 frischer roter Chili, entkernt und in dünne Streifen geschnitten
- 1 große Knoblauchzehe, in dünne Scheiben geschnitten
- ½ TL fein gehackte Ingwerwurzel
- 1 EL Reisessig
- 1 EL helle Sojasauce
- 2 TL Zucker
- 1 Frühlingszwiebel, in dünne Ringe geschnitten
- einige Tropfen Sesamöl und 1 TL Sesamsaat, zum Garnieren

So geht's

Die Zucchini in Scheiben schneiden, in ein großes Sieb geben, mit dem Salz bestreuen und wenden. Mit einem Teller abdecken und beschweren. 20 Minuten abtropfen lassen. Das Salz abspülen und die Scheiben zum Trocknen auf Küchenpapier ausbreiten.

Einen Wok auf starker Stufe erhitzen und das Öl hineingießen. Pfefferkörner, Chili, Knoblauch und Ingwer zugeben und 20 Sekunden anbraten, bis der Knoblauch gerade zu bräunen beginnt.

Die Zucchinischeiben hineingeben und wenden. Essig, Sojasauce und Zucker zugeben und 2 Minuten pfannenrühren. Die Frühlingszwiebeln einrühren und 30 Sekunden mitbraten. Mit Sesamöl und -saat garnieren und sofort servieren.

Gefüllte Tomaten

Gemüse-Leichtigkeit

Zutaten für 4 Personen

- 1 EL Olivenöl
- 2 EL Sonnenblumenkerne
- 1 Zwiebel, fein gehackt
- 1 Knoblauchzehe, fein gehackt
- 500 g frischer Spinat, dicke Stängel entfernt und klein gezupft
- 1 Prise frisch geriebene Muskatnuss
- Salz und Pfeffer
- 4 Fleischtomaten
- 140 g Mozzarella, gewürfelt

So geht's

Den Backofengrill vorheizen oder einen Holzkohlegrill anheizen.

Das Öl in einer Pfanne erhitzen und die Sonnenblumenkerne unter Rühren 2 Minuten goldbraun rösten. Die Zwiebel zugeben und unter gelegentlichem Rühren 5 Minuten glasig dünsten. Knoblauch und Spinat zugeben und abgedeckt 2–3 Minuten garen, bis der Spinat zusammengefallen ist. Vom Herd nehmen und mit Muskat, Salz und Pfeffer würzen. Dann abkühlen lassen.

Mit einem scharfen Messer am Stielansatz einen dünnen Deckel von jeder Tomate abschneiden und das Fruchtfleisch mit einem Löffel vorsichtig auslösen. Dann das Fruchtfleisch hacken und mit dem Mozzarella unter die Spinatmischung rühren.

Die Tomaten mit der Spinatmischung füllen und die Deckel wieder aufsetzen. Vier große Stücke Alufolie zuschneiden, um jeweils eine Tomate zu umschließen. Je eine Tomate in die Mitte jeder Folie setzen und fest einschlagen. Bei starker Hitze 10 Minuten grillen, dabei gelegentlich wenden. Die fertigen Tomaten in der Folie servieren.

Zucchinipizza mit Feta

Gemüse-Leichtigkeit

Zutaten für 2 Pizzas

Pizza-Grundteig
- 300 g Mehl (Type 550), plus etwas mehr zum Bestäuben
- 1 TL Trockenhefe
- 1½ TL Salz
- 175 ml lauwarmes Wasser
- 1 EL Olivenöl, plus etwas mehr zum Einölen

Belag
- 1 EL Olivenöl
- 1 Knoblauchzehe, zerdrückt
- 1 große Zucchini, längs in Scheiben geschnitten
- 200 g Tomatenpizzasauce (Fertigprodukt)
- 250 g Feta, abgetropft und zerkrümelt
- Salz und Pfeffer
- frische Minzeblätter, grob zerzupft, zum Garnieren

So geht's

Das Mehl in eine Rührschüssel sieben, Hefe und Salz zufügen und eine Mulde in die Mitte drücken. Wasser und Öl hinzugeben und mit dem Mehl zu einem klebrigen Teig verrühren. Den Teig auf einer leicht bemehlten Arbeitsfläche 10 Minuten kneten, bis er glatt und elastisch ist. Den Teig mit leicht eingeölter Frischhaltefolie oder einem feuchten Handtuch abdecken und 1 Stunde auf das doppelte Volumen gehen lassen.

Den Teig 1 Minute sanft kneten, dann in zwei Kugeln aufteilen. Die Kugeln flach drücken und mit der Teigrolle auf einer leicht bemehlten Arbeitsfläche ausrollen. Dabei nach jedem Rollen um ein Viertel drehen. Die Pizzaböden mithilfe der Teigrolle auf zwei Backbleche legen.

Den Backofen auf 220 °C vorheizen. Für den Belag das Öl in einer Grillpfanne auf mittlerer Stufe erhitzen. Knoblauch und Zucchini hineingeben und unter regelmäßigem Wenden 4–5 Minuten braten. Herausnehmen und auf Küchenpapier abtropfen lassen.

Die Pizzasauce auf die beiden Böden verteilen und bis fast zum Rand verstreichen. Die Zucchinischeiben auf den Böden anrichten, mit dem Feta bestreuen und mit Salz und Pfeffer würzen. Im vorgeheizten Ofen 10–12 Minuten backen, bis der Käse goldgelb ist und die Böden knusprig sind. Mit frischer Minze garnieren und sofort servieren.

Gefüllte Auberginen

Gemüse-Leichtigkeit

Zutaten für 4 Personen

- 250 g Penne oder andere kurze Nudeln
- 4 EL Olivenöl, plus etwas mehr zum Einfetten
- 2 Auberginen
- 1 Zwiebel, klein gehackt
- 2 Knoblauchzehen, zerdrückt
- 400 g gehackte Tomaten aus der Dose
- 2 TL getrockneter Oregano
- Salz und Pfeffer
- 50 g Mozzarella, in dünne Scheiben geschnitten
- 25 g frisch geriebener Parmesan
- 5 EL Semmelbrösel

So geht's

Den Backofen auf 200 °C vorheizen. Einen Topf mit leicht gesalzenem Wasser füllen und dieses zum Kochen bringen. Die Nudeln und 1 Esslöffel Öl zugeben und 8–10 Minuten al dente kochen. Abgießen, zurück in den Topf geben und den Deckel aufsetzen, um die Nudeln warm zu halten.

Die Auberginen der Länge nach halbieren. Das Auberginenfleisch am Rand herum einschneiden. Nun das Fleisch mit einem Löffel aus der Schale lösen, fein hacken und beiseitestellen. Das Innere der Aubergine mit etwas Öl einpinseln.

Das restliche Öl in einer Pfanne erhitzen, die Zwiebel zugeben und bei geringer Hitze 5 Minuten weich dünsten. Den Knoblauch zufügen und 1 weitere Minute dünsten. Dann das Auberginenfleisch zugeben und unter Rühren 5 Minuten anbraten. Tomaten und Oregano in die Pfanne geben und alles mit Salz und Pfeffer würzen. Zum Kochen bringen und 10 Minuten köcheln lassen, bis die Mischung etwas andickt. Die Pfanne vom Herd nehmen und die Nudeln einrühren.

Eine Auflaufform mit etwas Öl einfetten und die Auberginenhälften hineinlegen. Die Auberginenhälften mit der Hälfte der Nudelmischung füllen. Mit den Mozzarellascheiben belegen und mit der restlichen Nudelmischung auffüllen. Parmesan und Semmelbrösel vermischen, die Auberginen damit bestreuen und etwas andrücken. Im vorgeheizten Ofen 25 Minuten goldbraun backen und heiß servieren.

Sommergemüse mit Quinoa

Gemüse-Leichtigkeit

Zutaten für 2 Personen

- 2 Paprika (Farbe nach Belieben), in Stücke geschnitten
- 1 große Zucchini, in Stücke geschnitten
- 1 kleine Fenchelknolle, in schmale Spalten geschnitten
- 1 EL Olivenöl
- 1 TL sehr fein gehackter frischer Rosmarin
- 1 TL frisch gehackter Thymian
- Salz und Pfeffer
- 100 g Quinoa
- 350 ml Gemüsebrühe
- 2 Knoblauchzehen, zerdrückt
- 3 EL frisch gehackte glatte Petersilie
- 40 g Pinienkerne, geröstet

So geht's

Den Backofen auf 200 °C vorheizen. Paprika, Zucchini und Fenchel in einer Lage in eine Auflaufform legen.

Das Gemüse mit dem Olivenöl beträufeln und mit Rosmarin und Thymian bestreuen. Kräftig mit Salz und Pfeffer würzen und vermischen. 25–30 Minuten im vorgeheizten Ofen rösten, bis das Gemüse zart und leicht geschwärzt ist.

Währenddessen Quinoa, Brühe und Knoblauch in einem Topf zum Kochen bringen, abdecken und 12–15 Minuten köcheln, bis die Brühe fast vollständig aufgenommen ist.

Das Gemüse aus dem Ofen nehmen und die Quinoa in die Auflaufform geben. Petersilie und Pinienkerne zufügen und durchmischen. Warm oder kalt servieren.

Gebackener Fenchel

Gemüse-Leichtigkeit

Zutaten für 4 Personen

- 4 Fenchelknollen, in schmale Spalten geschnitten
- 2 EL Olivenöl
- 6 EL trockener Weißwein
- 2 Knoblauchzehen, zerdrückt
- 2 TL frisch gehackter Rosmarin
- Salz und Pfeffer
- 200 g Cocktailtomaten
- 16 entsteinte schwarze Oliven
- 2 EL frisch gehackte Petersilie

So geht's

Den Backofen auf 200 °C vorheizen. Die Fenchelspalten in einer Lage auf ein Backblech legen. Öl, 2 Esslöffel Wein, Knoblauch und Rosmarin miteinander verrühren. Über den Fenchel geben, mit Salz und Pfeffer würzen und gut durchheben.

15–20 Minuten im vorgeheizten Ofen rösten, bis der Fenchel fast zart und leicht gebräunt ist. Tomaten und Oliven darüberstreuen und mit dem restlichen Wein übergießen. Für weitere 8–10 Minuten in den Ofen geben, bis die Tomaten weich sind und aufplatzen. Mit der Petersilie bestreuen und warm oder kalt servieren.

Überbackene Zucchini

Gemüse-Leichtigkeit

Zutaten für 4 Personen

- 4 Zucchini
- 2 EL natives Olivenöl extra
- 120 g Mozzarella, in dünne Scheiben geschnitten
- 2 große Tomaten, entkernt und gewürfelt
- 2 TL frisch gehacktes Basilikum oder frisch gehackter Oregano

So geht's

Den Backofen auf 200 °C vorheizen. Die Zucchini der Länge nach in jeweils vier Scheiben schneiden, den Stielansatz dabei intakt lassen. Die Zucchini fächerartig auseinanderdrücken. Mit dem Öl bepinseln und auf ein großes Backblech legen.

Die Zucchini im vorgeheizten Ofen 10 Minuten backen; dabei darauf achten, dass sie nicht zu weich werden.

Die Zucchini aus dem Ofen nehmen und in eine Auflaufform geben. Die Käsescheiben darauflegen und mit Tomaten und Basilikum garnieren. 5 Minuten in den Ofen stellen, bis der Käse geschmolzen ist.

Die überbackenen Zucchini auf vorgewärmten Tellern anrichten und sofort servieren.

Artischocken-Paprika-Fladen

Gemüse-Leichtigkeit

Zutaten für 12 Stücke

- 4 EL natives Olivenöl extra, plus etwas mehr zum Einfetten
- 2 große Zwiebeln, in dünne Ringe geschnitten
- 2 Knoblauchzehen, fein gehackt
- 300 g eingelegte Paprika aus dem Glas, abgetropft und in dünne Scheiben geschnitten
- 400 g Artischockenherzen aus der Dose, abgetropft und geviertelt
- 40 g entsteinte schwarze Oliven (nach Belieben)
- Salz und Pfeffer

Brotteig

- 400 g Mehl, plus etwas mehr zum Bestäuben
- 1½ TL Trockenhefe
- 1 TL Salz
- ½ TL Zucker
- 175 ml warmes Wasser
- 3 EL natives Olivenöl extra

So geht's

Für den Teig Mehl, Hefe, Salz und Zucker in einer Schüssel verrühren und eine Vertiefung in die Mitte drücken. Wasser und Öl hineingießen, langsam mit den trockenen Zutaten vermengen und zu einem weichen Teig kneten. Den Teig auf einer leicht bemehlten Arbeitsfläche etwa 10 Minuten kneten, bis er glatt und elastisch ist. Zu einer Kugel formen, mit einem sauberen, feuchten Küchentuch bedecken und an einem warmen Ort 1 Stunde gehen lassen, bis der Teig sein Volumen verdoppelt hat.

In der Zwischenzeit 3 Esslöffel Olivenöl in einer Pfanne erhitzen und die Zwiebeln darin unter Rühren goldbraun dünsten. Knoblauch zugeben und kurz mitdünsten. Vom Herd nehmen und abkühlen lassen. Dann Paprika und Artischocken zufügen, mit Salz und Pfeffer würzen und gut verrühren.

Den Backofen auf 200°C vorheizen. Ein Backblech mit etwas Öl einfetten. Den Teig erneut auf einer leicht bemehlten Arbeitsfläche 2–3 Minuten kneten, um eventuelle Luftblasen zu entfernen. Zu einem Quadrat mit etwa 30 cm Seitenlänge ausrollen und auf das Backblech legen.

Den Teig mit dem restlichen Öl bepinseln und die Artischocken-Paprika-Mischung darauf verteilen. Nach Belieben noch mit Oliven belegen und im vorgeheizten Ofen 20–25 Minuten goldbraun backen. Aus dem Ofen nehmen, in zwölf Stücke schneiden und warm servieren.

Auberginen-Curry

Gemüse-Leichtigkeit

Zutaten für 4 Personen

- Erdnuss- oder Pflanzenöl, zum Frittieren, plus 2 EL mehr zum Braten
- 2 Auberginen, in 2 cm dicke Würfel geschnitten
- 1 Bund Frühlingszwiebeln, grob gehackt
- 2 Knoblauchzehen, zerdrückt
- 2 rote Paprika, in 2 cm große Stücke geschnitten
- 3 Zucchini, in dicke Scheiben geschnitten
- 2 EL rote Currypaste
- 400 ml Kokosmilch
- 1 Handvoll frischer Koriander, gehackt, plus einige Blätter mehr zum Garnieren
- gekochter Reis oder Nudeln, zum Servieren

So geht's

Das Öl zum Frittieren in einem vorgewärmten Wok oder einem großen Topf auf 180 °C erhitzen (ein Brotwürfel bräunt darin in 30 Sekunden). Einige Auberginenwürfel zugeben und etwa 1 Minute knusprig braun braten. Mit einem Schaumlöffel aus dem Wok nehmen und auf Küchenpapier abtropfen lassen. Die restlichen Auberginenwürfel braten.

Die 2 Esslöffel Öl in einem weiteren Wok oder einer großen Pfanne erhitzen. Frühlingszwiebeln und Knoblauch zugeben und bei mittlerer Hitze 1 Minute pfannenrühren. Paprika und Zucchini zufügen und weitere 3 Minuten pfannenrühren. Die Currypaste zugeben, kurz anbraten und mit der Kokosmilch ablöschen. Unter Rühren zum Kochen bringen. Auberginen und Koriander einrühren, die Hitze reduzieren und 2–3 Minuten köcheln lassen.

Das Curry in eine Servierschüssel füllen, mit Koriander garnieren und mit Nudeln oder Reis servieren.

Ratatouille

Gemüse-Leichtigkeit

Zutaten für 4 Personen

- 4 EL Olivenöl
- 1 kleine Zwiebel, gehackt
- 1 kleine Aubergine, gehackt
- 1 rote Paprika, gehackt
- 2 Zucchini, gehackt
- 2 Knoblauchzehen, gehackt
- 3 EL Rotwein
- 400 g gehackte Tomaten aus der Dose
- 2 Lorbeerblätter
- Salz und Pfeffer
- fein gehackte frische Petersilie, zum Garnieren
- knuspriges Brot, zum Servieren

So geht's

Das Öl in einer großen Pfanne auf hoher Stufe erhitzen. Zwiebel, Aubergine, Paprika und Zucchini darin 5 Minuten unter ständigem Rühren anbraten, bis das Gemüse weich wird.

Knoblauch, Rotwein, Tomaten und Lorbeerblätter hinzufügen, kurz aufkochen, dann die Hitze reduzieren. Die Pfanne abdecken und alles 10–15 Minuten köcheln lassen, bis das Gemüse gar ist. Gelegentlich umrühren. Die Lorbeerblätter entfernen und das Gericht mit Salz und Pfeffer abschmecken.

Die Ratatouille auf vorgewärmten Tellern anrichten. Mit Petersilie garnieren und sofort mit knusprigem Brot servieren.

Gemüse-Tortilla

Gemüse-Leichtigkeit

Zutaten für 4 Personen

- 300 g Kartoffeln, gewürfelt
- 2 EL Olivenöl
- 1 kleine rote Zwiebel, in Ringe geschnitten
- 1 rote Spitzpaprika, in Streifen geschnitten
- 100 g Cocktailtomaten, halbiert
- 6 große Eier, verquirlt
- 2 EL frisch gehackter Schnittlauch
- Salz und Pfeffer
- 40 g frisch geriebener Parmesan
- gemischte Salatblätter, zum Servieren

So geht's

Die Kartoffeln in einem Topf mit leicht gesalzenem Wasser 8–10 Minuten kochen, bis sie gar sind. Abgießen und abtropfen lassen.

Inzwischen das Öl in einer großen, ofenfesten Pfanne erhitzen. Zwiebel und Paprika zugeben und 5–6 Minuten braten, dabei gelegentlich umrühren. Dann Kartoffeln und Tomaten hinzufügen.

Den Backofengrill auf hoher Stufe vorheizen. Eier, 2 Esslöffel Wasser und Schnittlauch in eine große Schüssel geben. Mit Salz und Pfeffer würzen und gut vermengen. Die Mischung über das Pfannengemüse gießen und 4–5 Minuten garen, bis die Eiermasse fast gestockt ist.

Den Parmesan über die Tortilla streuen. Die Pfanne unter den vorgeheizten Backofengrill stellen und die Tortilla 2–3 Minuten backen, bis sie brutzelt und goldbraun ist.

Die Tortilla auf vorgewärmten Tellern anrichten und warm oder kalt mit den Salatblättern servieren.

Gurken-Raita

Gemüse-Leichtigkeit

Zutaten für 2–4 Personen

- 1 kleine Salatgurke
- 1 TL Salz
- 175 g Naturjoghurt
- ¼ TL Zucker
- ¼ TL Salz
- 1 TL Kreuzkümmelsamen
- 10–12 schwarze Pfefferkörner
- ¼ TL Paprikapulver

So geht's

Die Gurke schälen und entkernen. In kleine Stücke schneiden, mit dem Salz bestreuen und beiseitestellen.

Den Joghurt in eine Schüssel geben und mit einer Gabel aufschlagen, bis er glatt ist. Zucker und Salz hinzufügen und gut verrühren.

Einen kleinen, schweren Kochtopf auf mittlerer Stufe erhitzen. Wenn der Topf heiß ist, den Herd abschalten und die Kreuzkümmelsamen mit den Pfefferkörnern hineingeben. Unter ständigem Rühren 40–50 Sekunden rösten, bis sie zu duften beginnen. Dann aus dem Topf nehmen, 5 Minuten abkühlen lassen und in einem Mörser zerstoßen.

¼ Teelöffel der Mischung aufheben, den Rest in den Joghurt geben. Die Gurkenstücke abspülen, leicht ausdrücken und unter den Joghurt rühren.

Das Raita in eine Schale geben und mit den restlichen gerösteten Gewürzen und dem Paprikapulver bestreuen.

Reissalat-Tropicana

Gemüse-Leichtigkeit

Zutaten für 4 Personen

- 120 g Langkornreis
- Salz und Pfeffer
- 4 Frühlingszwiebeln
- 225 g Ananasstücke aus der Dose, im eigenen Saft
- 200 g Mais aus der Dose, abgetropft
- 2 rote Paprika, gewürfelt
- 3 EL Sultaninen

Dressing

- 1 EL Erdnussöl
- 1 EL Haselnussöl
- 1 EL helle Sojasauce
- 1 Knoblauchzehe, fein gehackt
- 1 TL frisch gehackte Ingwerwurzel

So geht's

Den Reis in einen Topf mit kochendem Salzwasser geben und 15–20 Minuten garen. Den Reis gründlich abtropfen lassen und unter fließend kaltem Wasser abspülen. Dann in eine große Salatschüssel geben.

Die Frühlingszwiebeln fein hacken. Die Ananasstücke abtropfen lassen und den Saft in einem Messbecher auffangen. Ananas, Mais, Paprika, Frühlingszwiebeln und Sultaninen zum Reis geben und alles mischen.

Alle Zutaten für das Dressing zum Ananassaft geben, gut verrühren und mit Salz und Pfeffer abschmecken. Dann das Dressing über den Salat geben und alles gründlich durchheben. Den fertigen Salat sofort servieren.

Tarte Tatin mit Tomaten

Gemüse-Leichtigkeit

Zutaten für 4 Personen

- 25 g Butter
- 1 EL Feinstzucker
- 500 g Cocktailtomaten, halbiert
- 1 Knoblauchzehe, zerdrückt
- 2 TL Weißweinessig
- Salz und Pfeffer

Teig

- 250 g Mehl, gesiebt
- 1 Prise Salz
- 150 g Butter
- 1 EL frisch gehackter Oregano, plus etwas mehr zum Garnieren
- 5–6 EL kaltes Wasser

So geht's

Den Backofen auf 200 °C vorheizen. Die Butter in einer schweren Pfanne zerlassen. Den Zucker hineingeben und bei mittlerer bis starker Hitze rühren, bis er goldbraun wird.

Vom Herd nehmen und unter Rühren schnell Tomaten, Knoblauch und Essig hinzugeben. Mit Salz und Pfeffer würzen. Die Tomatenmischung in eine flache, runde Auflaufform (24 cm Ø) geben und gleichmäßig verteilen.

Für den Teig Mehl, Salz, Butter und Oregano in der Küchenmaschine fein krümelig verrühren. Nur so viel Wasser hinzugeben, dass ein weicher, aber nicht klebriger Teig entsteht.

Den Teig zu einem Kreis (26 cm Ø) ausrollen, über die Tomaten legen und den Rand einstecken. Mit der Gabel mehrfach einstechen, damit Dampf entweichen kann.

Im vorgeheizten Ofen 25–30 Minuten backen, bis der Teig fest und goldgelb ist. 2–3 Minuten ruhen lassen, dann den Rand mit einem Messer lösen und die Tarte auf einen warmen Teller stürzen. Mit gehacktem Oregano bestreuen und warm servieren.

Caponata mit Ciabatta

Gemüse-Leichtigkeit

Zutaten für 4 Personen

- 2 Selleriestangen
- 2 rote Zwiebeln
- 450 g Auberginen
- 1 Knoblauchzehe
- 4 EL Olivenöl
- 5 Eiertomaten, gehackt
- 3 EL Rotweinessig
- 1 EL Zucker
- 3 EL entsteinte grüne Oliven
- 2 EL eingelegte Kapern
- Salz und Pfeffer
- 4 EL frisch gehackte glatte Petersilie
- Ciabatta, zum Servieren

So geht's

Die Selleriestangen in Scheiben und die Zwiebeln in Ringe schneiden, die Auberginen würfeln und den Knoblauch fein hacken. Die Hälfte des Öls in einem großen, schweren Topf erhitzen. Sellerie und Zwiebeln zugeben und unter gelegentlichem Rühren 5 Minuten bei schwacher Hitze andünsten, bis die Zwiebeln glasig, jedoch nicht gebräunt sind. Das restliche Öl und die Auberginen hinzugeben. 5 Minuten unter regelmäßigem Rühren braten, bis die Auberginenwürfel Farbe annehmen.

Knoblauch, Tomaten, Essig und Zucker einrühren. Die Oberfläche mit Backpapier abdecken und 10 Minuten sanft köcheln lassen.

Das Papier entfernen, Oliven und Kapern einrühren und mit Salz und Pfeffer abschmecken. In eine Servierschüssel umfüllen und auf Zimmertemperatur abkühlen lassen. Anschließend mit der Petersilie bestreuen und mit Ciabatta servieren.

Sommer-Tacos

Gemüse-Leichtigkeit

Zutaten für 4 Personen

- 2 EL Olivenöl
- 1 rote Zwiebel, in Ringe geschnitten
- 2 kleine Zucchini, gewürfelt
- 1 TL gemahlener Koriander
- ½ TL gemahlener Kreuzkümmel
- 2 Tomaten, gehackt
- 400 g Kichererbsen aus der Dose, abgespült und abgetropft
- Salz und Pfeffer
- 4 Tacos
- 80 g frisch geriebener Emmentaler

So geht's

Den Backofengrill auf hoher Stufe vorheizen. Das Öl in einer großen Pfanne bei mittlerer Temperatur erhitzen. Zwiebel und Zucchini darin 4–5 Minuten unter gelegentlichem Rühren garen.

Gemahlenen Koriander und Kreuzkümmel einrühren, dann Tomaten und Kichererbsen zufügen. Mit Salz und Pfeffer würzen und zum Kochen bringen. Bei mittlerer Temperatur unter gelegentlichem Rühren 2 Minuten köcheln lassen. Die Mischung in die Tacos füllen und mit dem Käse bestreuen.

Die Tacos auf ein Backblech legen und unter dem vorgeheizten Grill 1–2 Minuten überbacken, bis der Käse geschmolzen ist. Sofort servieren.

Fleischgenuss in lauen Nächten

Chickenwings mit scharfer Sauce

Fleischgenuss in lauen Nächten

Zutaten für 2 Personen

- 1,8 kg Hähnchenflügel, Tiefkühlware aufgetaut, trocken getupft
- 1 EL Pflanzenöl
- 1 EL Mehl
- 1 TL Salz
- Blauschimmelkäse-Dressing (Fertigprodukt), zum Servieren

Cayennepfeffersauce (ergibt ca. 150 ml)

- 120 g kalte Butter, in 2,5 cm dicke Scheiben geschnitten
- 1½ EL weißer Essig
- ¼ TL Worcestersauce
- 1 TL Tabasco
- ¼ TL Cayennepfeffer
- 1 Prise Knoblauchpulver
- Salz

So geht's

Den Backofen auf 220 °C vorheizen. Ganze Flügel an den Gelenken zerteilen und die Spitzen abschneiden (für Brühe verwenden). Die Stücke in eine große Schüssel geben. Öl, Mehl und Salz zufügen und alles gut mischen, bis die Flügel gleichmäßig umhüllt sind.

Zwei Backbleche mit leicht eingeölter Alufolie oder Silikonfolie auslegen. Die Flügel mit ausreichend Abstand auf die Bleche legen. Im vorgeheizten Backofen 25 Minuten garen.

Inzwischen alle Zutaten für die Sauce in einem Topf verrühren. Unter ständigem Rühren bei mittlerer Temperatur zum Kochen bringen. Vom Herd nehmen und beiseitestellen. Abschmecken und bei Bedarf nachwürzen.

Die Hähnchenflügel aus dem Ofen nehmen, wenden und wieder hineinschieben. Je nach Größe weitere 20–30 Minuten backen, bis sie gebräunt und durchgegart sind. Das Fleisch ist gar, wenn beim Einstechen an der dicksten Stelle klarer Fleischsaft austritt. In eine große Schüssel geben.

Die warme Sauce über die heißen Wings geben und mit einem Löffel sorgfältig unterheben. 5 Minuten durchziehen lassen, dann nochmals verrühren und mit Blauschimmelkäse-Dressing servieren.

Jamaikanische Spieße

Fleischgenuss in lauen Nächten

Zutaten für 4 Personen

- 2 Mangos
- 4 Hähnchenbrustfilets à 175 g, in 2,5 cm dicke Würfel geschnitten
- fein abgeriebene Schale und Saft von 1 Limette
- 1 EL brauner Rum
- 1 EL Rohrzucker
- 1 TL Lebkuchengewürz

So geht's

Die Mangos mit einem scharfen Messer am Stein entlang halbieren und noch am Stein haftendes Fruchtfleisch ablösen. Das Fruchtfleisch kreuzförmig einschneiden, ohne die Schale zu durchtrennen, dann die Schale umstülpen und die Würfel ablösen. Zunächst beiseitestellen. Das Hähnchenfleisch in eine nicht metallene flache Auflaufform legen. Limettenschale und -saft darübergeben, dann Rum, Zucker und Gewürzmischung zugeben und gut durchheben. Mit Frischhaltefolie abdecken und 1 Stunde im Kühlschrank marinieren.

Den Backofengrill vorheizen oder alternativ den Außengrill anheizen. Das Fleisch abtropfen lassen und die Marinade aufbewahren. Das Hähnchenfleisch und die Mangowürfel abwechselnd auf acht zuvor in Wasser eingeweichte Holzspieße stecken.

Die Spieße bei mittlerer Hitze 6–10 Minuten grillen, dabei regelmäßig wenden und mit der Marinade bestreichen. Die fertig gegrillten Spieße auf einer großen Servierplatte anrichten und sofort servieren.

Kreolisches Huhn

Fleischgenuss in lauen Nächten

Zutaten für 4 Personen

- 4 Hähnchenoberschenkel
- 4 Hähnchenunterschenkel
- 2 frische Maiskolben, ohne Hüllblätter und Fäden entfernt
- 80 g Butter, zerlassen
- Öl, zum Braten

Gewürzmischung

- 2 TL Zwiebelpulver
- 2 TL Paprikapulver
- 1½ TL Salz
- 1 TL Knoblauchpulver
- 1 TL getrockneter Thymian
- 1 TL Cayennepfeffer
- 1 TL gemahlener schwarzer Pfeffer
- ½ TL gemahlener weißer Pfeffer
- ¼ TL gemahlener Kreuzkümmel

So geht's

Die Hähnchenschenkel mit einem scharfen Messer zwei- oder dreimal schräg einschneiden. Mit den Maiskolben in eine Schüssel legen. Alle Zutaten für die Gewürzmischung in einer kleinen Schüssel verrühren.

Fleisch und Mais mit der zerlassenen Butter bestreichen und mit der Gewürzmischung bestreuen. Sorgfältig mischen, damit alle Teile von der Gewürzmischung bedeckt sind.

Das Öl in einer großen Grillpfanne bei mittlerer bis hoher Temperatur erhitzen und das Fleisch darin 15 Minuten braten. Zwischendurch wenden. Dann die Maiskolben zugeben und 10–15 Minuten mitbraten, bis sie an den Rändern beginnen schwarz zu werden. Mit einem Metallstäbchen das Fleisch an der dicksten Stelle einstechen. Wenn klarer Fleischsaft austritt, ist es gar. Auf einer Servierplatte anrichten und servieren.

Leichter Putenburger

Fleischgenuss in lauen Nächten

Zutaten für 4 Personen

- 500 g Putenfleisch, sehr fein gehackt
- 1 kleine rote Zwiebel, fein gehackt
- 1 Knoblauchzehe, zerdrückt
- 1 EL fein gehackter frischer Rosmarin
- Salz und Pfeffer
- 1 EL Sonnenblumenöl, zum Bestreichen

Zum Servieren

- 1 Romana-Salatherz, grob zerzupft
- 4 Sesam-Burgerbrötchen
- 2 kleine Gewürzgurken, in Scheiben geschnitten
- 4 EL Mayonnaise

So geht's

Den Backofengrill auf mittlerer bis hoher Stufe vorheizen. Das Putenfleisch in eine große Schüssel geben. Zwiebel, Knoblauch und Rosmarin zugeben. Mit Salz und Pfeffer würzen und alles gründlich vermengen.

Die Mischung in vier Portionen teilen. Jede Portion zu einer Kugel formen und diese zu einem Burger flach drücken. Mit dem Öl bestreichen.

Die Burger 5–8 Minuten grillen. Einmal wenden und noch einmal 5–8 Minuten grillen, bis das Fleisch durchgegart ist.

Die Salatblätter auf die unteren Hälften der Burgerbrötchen verteilen. Die Burger darauflegen, dann die Gurkenscheiben und je 1 Esslöffel Mayonnaise darübergeben. Mit der oberen Brötchenhälfte bedecken und sofort servieren.

Putenschnitzel mit Parmaschinken

Fleischgenuss in lauen Nächten

Zutaten für 2 Personen

- 2 Putenschnitzel
- Salz und Pfeffer
- 2 Scheiben Parmaschinken, halbiert
- 4 frische Salbeiblätter
- 2 EL Mehl
- 2 EL Olivenöl
- 1 EL Butter
- Zitronenspalten, zum Servieren

So geht's

Die Putenschnitzel jeweils waagerecht halbieren. Jedes Schnitzel zwischen zwei Lagen Frischhaltefolie geben und leicht mit einer Teigrolle plattieren. Mit Salz und Pfeffer bestreuen. Je eine halbe Scheibe Parmaschinken auf jedes Schnitzel legen, ein Salbeiblatt daraufgeben und mit einem kleinen Holzspieß feststecken.

Das Mehl in eine flache Schüssel geben und mit Salz und Pfeffer würzen. Die Schnitzel von beiden Seiten mit dem Mehl bestäuben.

Das Öl in einer großen Pfanne erhitzen. Die Butter zugeben und zerlassen, bis sie schäumt. Die Schnitzel, gegebenenfalls portionsweise, bei mittlerer Hitze 1½ Minuten mit der Salbeiseite nach unten braten. Wenden und etwa 30 Sekunden braten, bis die Schnitzel zart, aber gar sind (beim Einstechen sollte der austretende Fleischsaft klar sein).

Die Schnitzel auf vorgewärmte Teller geben und mit Zitronenspalten garniert servieren.

Schweine-Spareribs mit Chili

Fleischgenuss in lauen Nächten

Zutaten für 4 Personen

- 1,8–2,25 kg Spareribs vom Schwein
- Kartoffelpüree und gegarter Spitzkohl oder Weißkohl, zum Servieren

Würzmischung zum Einreiben

- 2 TL mildes Chilipulver
- 2 TL geräuchertes Paprikapulver
- 2 TL edelsüßes Paprikapulver
- 4 TL getrockneter Oregano
- 2 TL Zwiebelpulver
- 2 TL Salz

So geht's

Für die Würzmischung Chilipulver, geräuchertes Paprikapulver, edelsüßes Paprikapulver, Oregano, Zwiebelpulver und Salz in einer kleinen Schüssel mischen. Die Rippchen damit rundum einreiben und 15 Minuten einziehen lassen.

Den Backofen auf 160 °C vorheizen. Die Fettpfanne mit Alufolie auslegen. Die Rippchen auf den Gitterrost legen und 1–1½ Stunden im vorgeheizten Ofen garen, bis das Fleisch zart ist.

Aus dem Ofen nehmen, in Portionen teilen und mit Kartoffelpüree und Kohl servieren.

Schweinefleisch süßsauer

Fleischgenuss in lauen Nächten

Zutaten für 4 Personen

- 1 EL Pflanzenöl
- 350 g mageres Schweinefleisch, in 5 mm breite Streifen geschnitten
- 1 große rote Paprika, in Streifen geschnitten
- 4 Frühlingszwiebeln, gehackt, plus etwas mehr zum Garnieren
- 450 g Ananasstücke aus der Dose (mit der Flüssigkeit)
- 2 EL Speisestärke
- 3 EL Weinessig
- Saft von 1 Zitrone
- 3 EL helle Sojasauce
- 2 EL Zucker
- Salz und Pfeffer

So geht's

Das Öl in einem Wok oder einer großen Pfanne erhitzen, die Fleischstreifen zufügen und unter Rühren 5 Minuten anbraten.

Paprika und Frühlingszwiebeln zugeben und unter Rühren 3 Minuten garen, bis sie gerade weich werden.

Den Ananassaft in eine Schüssel abgießen und die Ananasstücke beiseitestellen. Speisestärke, Essig, Zitronensaft, Sojasauce, Zucker, Salz und Pfeffer mit dem Saft verrühren.

Die Speisestärkemischung in die Pfanne geben und bei mittlerer Temperatur 1–2 Minuten unter Rühren kochen, bis die Sauce leicht andickt. Die Ananasstücke zufügen und 1 Minute mitkochen. Auf Teller verteilen, mit Frühlingszwiebeln garnieren und sofort servieren.

Schweinefleisch-Körbchen

Fleischgenuss in lauen Nächten

Zutaten für 12 Stück

- 2 Blätter Filoteig à ca. 40 cm x 30 cm, Tiefkühlware aufgetaut
- 1 EL Pflanzenöl, plus etwas mehr zum Bestreichen
- 1 Knoblauchzehe, zerdrückt
- 120 g Schweinehackfleisch
- 1 TL rote Currypaste
- 2 Frühlingszwiebeln, in feine Ringe geschnitten
- 3 EL grobe Erdnussbutter
- 1 EL helle Sojasauce
- 1 EL frisch gehackter Koriander, plus etwas mehr zum Garnieren
- Salz und Pfeffer

So geht's

Den Backofen auf 200 °C vorheizen. Jedes Teigblatt in 24 Vierecke schneiden, sodass insgesamt 48 Vierecke entstehen. Jedes Stück leicht mit Öl einpinseln. Jeweils vier Stücke aufeinanderlegen und damit zwölf kleine Muffin-Förmchen auslegen. Den Teig in die Förmchen drücken.

Die Teigschalen im vorgeheizten Ofen 6–8 Minuten goldbraun backen.

Inzwischen das Öl in einem Wok erhitzen, den Knoblauch zugeben und 30 Sekunden bei starker Hitze anbraten. Das Fleisch zugeben und 4–5 Minuten anbräunen.

Currypaste und Frühlingszwiebeln zugeben und 1 Minute mitbraten. Erdnussbutter, Sojasauce und Koriander zufügen. Alles mit Salz und Pfeffer abschmecken.

Die Fleischmischung in die Teigschälchen füllen, mit Koriander garnieren und heiß servieren.

Senfsteaks mit Tomaten-Relish

Fleischgenuss in lauen Nächten

Zutaten für 4 Personen

- 4 Filet- oder Rumpsteaks
- 1 EL Estragonsenf
- 2 Knoblauchzehen, zerdrückt
- frische Estragonzweige, zum Garnieren

Tomaten-Relish

- 225 g Cocktailtomaten
- 50 g Rohrzucker
- 50 ml Weißweinessig
- 1 Stück Ingwerpflaume, gehackt
- ½ Limette, in dünne Scheiben geschnitten
- Salz

So geht's

Für das Relish alle Zutaten in einen Topf geben und mit Salz abschmecken. Unter Rühren aufkochen, bis der Zucker vollständig aufgelöst ist. Die Hitze reduzieren und unter gelegentlichem Rühren 40 Minuten köchelnd eindicken lassen. In eine Schüssel umfüllen, mit Frischhaltefolie abdecken und abkühlen lassen.

In jedes Steak waagerecht eine tiefe Tasche schneiden. Die Taschen mit dem Senf ausstreichen und die Steaks rundum mit dem Knoblauch einreiben. Auf einen Teller legen, mit Frischhaltefolie abdecken und 30 Minuten ziehen lassen.

Die Steaks bei starker Hitze von jeder Seite 2½ Minuten (blutig), 4 Minuten (medium) oder 6 Minuten (durch) in der Pfanne braten oder alternativ auf dem aufgeheizten Außengrill zubereiten. Auf Portionstellern anrichten, mit Estragon garnieren und zusammen mit dem Tomaten-Relish servieren.

Tabasco-Steaks

Fleischgenuss in lauen Nächten

Zutaten für 4 Personen

- 1 Bund Brunnenkresse
- 80 g weiche Butter
- 4 Filetsteaks à 225 g
- 4 TL Tabasco
- Salz und Pfeffer

So geht's

Mit einem scharfen Messer so viel Brunnenkresse hacken, dass 4 Esslöffel gefüllt werden können. Einige Blätter für die Garnierung aufbewahren. Die Butter in einer kleinen Schüssel mit der gehackten Brunnenkresse sorgfältig vermengen. Mit Frischhaltefolie abdecken und zunächst in den Kühlschrank stellen.

Jedes Steak mit 1 Teelöffel Tabasco gründlich einreiben, danach mit Salz und Pfeffer würzen.

Die Steaks bei starker Hitze von jeder Seite je nach persönlicher Vorliebe 2½ Minuten (blutig), 4 Minuten (medium) oder 6 Minuten (durch) in der Pfanne braten oder alternativ auf dem aufgeheiten Außengrill zubereiten.

Die fertig gegrillten Steaks auf Portionstellern anrichten, anschließend mit Brunnenkresseblättern garnieren und zusammen mit der Brunnenkresse-Butter sofort servieren.

Indonesische Rindfleischspieße

Fleischgenuss in lauen Nächten

Zutaten für 4 Personen

- 1 TL Koriandersamen
- ½ TL Kreuzkümmelsamen
- 450 g Rumpsteak, in Streifen geschnitten
- 1 Zwiebel
- 2 Knoblauchzehen
- 1 EL Rohrzucker
- 1 EL Sojasauce
- 4 EL Zitronensaft
- Salz

Sauce

- 1 frischer roter Chili
- 4 EL Sojasauce
- 2 Knoblauchzehen, fein gehackt
- 4 TL Zitronensaft
- 2 EL heißes Wasser

So geht's

Für die Sauce den Chili mit einem scharfen Messer entkernen und fein hacken. Zusammen mit den übrigen Saucenzutaten in einer kleinen Schüssel mischen. Dann mit Frischhaltefolie abdecken und beiseitestellen.

Koriander- und Kümmelsamen 1 Minute in einer Pfanne trocken rösten, bis sie duften und zu springen beginnen. Vom Herd nehmen und im Mörser zermahlen. Das Fleisch in eine nicht metallene flache Auflaufform legen und mit den gemahlenen Gewürzen vermengen. Zwiebel und Knoblauch schälen und zusammen mit Zucker, Sojasauce und Zitronensaft im Mixer pürieren. Die pürierte Paste mit Salz abschmecken, über das Fleisch geben und gut durchheben. Die Auflaufform mit Frischhaltefolie abdecken und das Fleisch 2 Stunden im Kühlschrank marinieren.

Den Backofengrill vorheizen oder alternativ den Außengrill anheizen. Das Fleisch abtropfen lassen und auf Metall- oder zuvor in Wasser eingeweichte Holzspieße stecken. Bei starker Hitze 5–8 Minuten grillen, dabei regelmäßig wenden und mit der Marinade bestreichen. Die fertig gegrillten Spieße auf einer großen Servierplatte anrichten und zusammen mit der Sauce zum Dippen servieren.

Rindfleischstreifen mit Salsa

Fleischgenuss in lauen Nächten

Zutaten für 4 Personen

- 3 EL Erdnussöl
- 450 g Rinderfiletsteak, in dünne Scheiben geschnitten
- 1 rote Paprika, in dünne Streifen geschnitten
- 1 grüne Paprika, in dünne Streifen geschnitten
- 1 Bund Frühlingszwiebeln, in Ringe geschnitten
- 2 Knoblauchzehen, zerdrückt
- 2 EL frisch geriebene Ingwerwurzel
- 2 EL Schwarze-Bohnen-Sauce
- 1 EL Sherry
- 1 EL Sojasauce

So geht's

Einen Wok oder eine große Pfanne auf hoher Stufe erhitzen. 2 Esslöffel Öl hineingießen und sehr heiß werden lassen. Das Fleisch zugeben und pfannenrühren, bis es angebräunt ist. Herausnehmen und beiseitestellen.

Das restliche Öl in den Wok gießen und die Paprikastreifen darin 2 Minuten pfannenrühren.

Frühlingszwiebeln, Knoblauch und Ingwer zugeben und 30 Sekunden pfannenrühren.

Schwarze-Bohnen-Sauce, Sherry und Sojasauce hinzufügen, dann das Rindfleisch zugeben und alles erhitzen, bis es brodelt.

Das Gericht auf vorgewärmte Servierschalen verteilen und sofort servieren.

Lammkarrees

Fleischgenuss in lauen Nächten

Zutaten für 4 Personen

- 4 Lammkarrees mit je 4 Koteletts
- 2 EL natives Olivenöl extra
- 1 EL Balsamico-Essig
- 1 EL Zitronensaft
- 3 EL frisch gehackter Rosmarin
- 1 kleine Zwiebel, fein gehackt
- Salz und Pfeffer

So geht's

Die Lammkarrees in eine große flache Auflaufform legen. Öl, Balsamico, Zitronensaft, Rosmarin und Zwiebel in einem Messbecher mischen und mit Salz und Pfeffer abschmecken.

Die Marinade über das Fleisch gießen und dieses gründlich darin wenden. Mit Frischhaltefolie abdecken und 1 Stunde im Kühlschrank marinieren, währenddessen gelegentlich wenden.

Den Backofengrill vorheizen oder alternativ den Außengrill anheizen. Die Karrees abtropfen lassen und die Marinade aufbewahren. Bei mittlerer Hitze von jeder Seite 10 Minuten grillen, dabei regelmäßig mit der Marinade bestreichen. Servieren.

Pikante Lammsteaks

Fleischgenuss in lauen Nächten

Zutaten für 4 Personen

- 4 Lammsteaks à 175 g
- 8 frische Rosmarinzweige
- 8 frische Lorbeerblätter
- 2 EL Olivenöl

Pikante Marinade

- 2 EL Sonnenblumenöl
- 1 große Zwiebel, fein gehackt
- 2 Knoblauchzehen, fein gehackt
- 2 EL Jerk-Gewürzmischung
- 1 EL Currypaste
- 1 TL frisch geriebene Ingwerwurzel
- 400 g gehackte Tomaten aus der Dose
- 4 EL Worcestersauce
- 3 EL Rohrzucker
- Salz und Pfeffer

So geht's

Für die Marinade das Öl in einem Topf erhitzen. Dann Zwiebel und Knoblauch darin unter gelegentlichem Rühren 5 Minuten glasig dünsten. Jerk-Gewürzmischung, Currypaste und Ingwer zugeben und unter ständigem Rühren 2 Minuten kochen. Dann Tomaten, Worcestersauce und Zucker einrühren und alles mit Salz und Pfeffer abschmecken. Unter ständigem Rühren aufkochen, dann die Hitze reduzieren und 15 Minuten köchelnd andicken lassen. Vom Herd nehmen und abkühlen lassen.

Die Steaks zwischen zwei Lagen Frischhaltefolie legen und mit dem Nudelholz flach klopfen. Das Fleisch in eine nicht metallene Auflaufform legen, mit der Marinade übergießen und darin wenden. Mit Frischhaltefolie abdecken und 3 Stunden im Kühlschrank marinieren.

Den Backofengrill vorheizen oder alternativ den Außengrill anheizen. Das Fleisch abtropfen lassen und die Marinade aufbewahren. Bei mittlerer Hitze von jeder Seite 5–7 Minuten grillen, dabei regelmäßig mit der Marinade bestreichen. Währenddessen Rosmarin und Lorbeerblätter in das Olivenöl tauchen und dann 3–5 Minuten grillen. Die fertig gegrillten Lammsteaks mit den gerösteten Kräutern sofort servieren.

Lammkoteletts mit Joghurt

Fleischgenuss in lauen Nächten

Zutaten für 6 Personen

- 6 Lammkoteletts aus der Keule à 175 g
- 150 g Naturjoghurt
- 2 Knoblauchzehen, fein gehackt
- 1 TL frisch geriebene Ingwerwurzel
- ¼ TL Koriandersamen, zerstoßen
- Salz und Pfeffer
- 1 EL Olivenöl, plus etwas mehr zum Bestreichen
- 1 EL Orangensaft
- 1 TL Walnussöl
- 2 EL frisch gehackte Minze

So geht's

Die Koteletts in eine nicht metallene große Auflaufform legen. Die Hälfte des Joghurts, Knoblauch, Ingwer und Koriandersamen in einem Messbecher mischen und mit Salz und Pfeffer abschmecken. Die Koteletts mit der Marinade übergießen, darin wenden und mit Frischhaltefolie abgedeckt 2 Stunden im Kühlschrank marinieren; gelegentlich wenden.

Den Backofengrill vorheizen oder alternativ den Außengrill anheizen. Den restlichen Joghurt, Olivenöl, Orangensaft, Walnussöl und Minze in eine kleine Schüssel geben und mit einem Schneebesen gründlich verrühren. Dann die Joghurtmischung mit Salz und Pfeffer abschmecken. Anschließend den Minzejoghurt mit Frischhaltefolie abdecken und in den Kühlschrank stellen.

Die Koteletts abtropfen lassen und die Marinade abstreichen. Das Fleisch mit Olivenöl bestreichen und bei mittlerer Hitze von jeder Seite 5–7 Minuten grillen. Die fertig gegrillten Lammkoteletts zusammen mit dem Minzejoghurt sofort servieren.

Schaschlikspieße

Fleischgenuss in lauen Nächten

Zutaten für 4 Personen

- 675 g Lammkeule ohne Haut und Knochen, in 2,5 cm dicke Würfel geschnitten
- 12 große Champignons
- 4 Scheiben durchwachsener Speck ohne Schwarte
- 8 Cocktailtomaten
- 1 große grüne Paprika, in Quadrate geschnitten
- frische Kräuterzweige, zum Garnieren

Marinade

- 4 EL Sonnenblumenöl
- 4 EL Zitronensaft
- 1 Zwiebel, fein gehackt
- ½ TL getrockneter Rosmarin
- ½ TL getrockneter Thymian
- Salz und Pfeffer

So geht's

Fleisch und Champignons in eine nicht metallene große Auflaufform geben. Für die Marinade alle Zutaten in einem Messbecher mischen und mit Salz und Pfeffer abschmecken. Die Marinade über Fleisch und Champignons gießen und gut durchheben. Dann mit Frischhaltefolie abdecken und etwa 8 Stunden im Kühlschrank marinieren.

Den Backofengrill vorheizen oder alternativ den Außengrill anheizen. Die Speckscheiben halbieren und mit der Klinge eines Kochmessers strecken, dann aufrollen. Fleisch und Champignons abtropfen lassen und die Marinade aufbewahren. Speckröllchen, Fleisch, Pilze, Tomaten und Paprika abwechselnd auf Metallspieße stecken. Die Marinade durch ein Sieb streichen.

Die Spieße bei mittlerer Hitze 10–15 Minuten grillen, dabei regelmäßig wenden und mit der Marinade bestreichen. Die fertig gegrillten Schaschlikspieße auf einer großen Servierplatte anrichten, mit frischen Kräutern garnieren und sofort servieren.

Honig-Aprikosen-Lamm

Fleischgenuss in lauen Nächten

Zutaten für 2 Personen

- 4 Beinscheiben vom Lamm
- 4 TL gemahlener Koriander
- 1 TL gemahlener Kreuzkümmel
- 1 kleiner Butternut-Kürbis
- 1 EL Olivenöl
- 1 Zwiebel, gehackt
- 600 ml Hühnerbrühe
- 2 EL frisch gehackte Ingwerwurzel
- 100 g getrocknete Aprikosen
- 2 EL flüssiger Honig
- fein abgeriebene Schale und Saft von 1 Zitrone
- Salz und Pfeffer
- 200 g Couscous
- 3 EL frisch gehackte Minze, zum Garnieren

So geht's

Die Lammstücke mit Koriander und Kreuzkümmel bestäuben. Den Kürbis schälen, entkernen und in mundgerechte Stücke schneiden.

Das Öl in einer ofenfesten Kasserolle auf mittlerer Stufe erhitzen. Das Fleisch hineingeben und bei starker Hitze 2–3 Minuten braten, dabei einmal wenden. Kürbis, Zwiebel und die Hälfte der Brühe zugeben und aufkochen.

Ingwer, Aprikosen, Honig und Zitronensaft zugeben und mit Salz und Pfeffer würzen. Abdecken und bei mittlerer Hitze etwa 20 Minuten garen, gelegentlich umrühren.

Unterdessen die verbliebene Brühe in einem kleinen Topf aufkochen, dann Couscous, Zitronenschale, Salz und Pfeffer einrühren. Vom Herd nehmen, abdecken und 5 Minuten quellen lassen.

Das Lamm auf vorgewärmte Teller geben. Mit der Minze garnieren und sofort mit dem Couscous servieren.

Der Geschmack des Meeres

Karibische Fischspieße

Der Geschmack des Meeres

Zutaten für 6 Personen

- 1 kg Schwertfischsteaks
- 3 EL Olivenöl
- 3 EL Limettensaft
- 1 Knoblauchzehe, fein gehackt
- 1 TL Paprikapulver
- Salz und Pfeffer
- 3 Zwiebeln, in Spalten geschnitten
- 6 Tomaten, in Spalten geschnitten

So geht's

Die Fischsteaks in 2,5 cm große Würfel schneiden und in eine Glasschüssel geben. Dann Öl, Limettensaft, Knoblauch und Paprikapulver in einer Schale gut mischen und mit Salz und Pfeffer abschmecken. Die fertige Marinade über den Fisch gießen und sorgfältig unterheben. Dann mit Frischhaltefolie abdecken und 1 Stunde im Kühlschrank marinieren.

Den Backofengrill vorheizen oder alternativ den Außengrill anheizen. Die Fischwürfel abwechselnd mit Zwiebel- und Tomatenspalten auf sechs lange, zuvor in Wasser eingeweichte Holzspieße stecken. Die Marinade aufbewahren.

Die Spieße bei mittlerer Hitze 8–10 Minuten grillen, dabei regelmäßig wenden und mit der Marinade bestreichen. Die fertig gegrillten Spieße auf einer Servierplatte anrichten und servieren.

Lachs mit Mango-Salsa

Der Geschmack des Meeres

Zutaten für 4 Personen

- 4 Lachssteaks à 175 g
- fein abgeriebene Schale und Saft von 1 Limette oder ½ Zitrone
- Salz und Pfeffer

Mango-Salsa

- 1 große Mango, geschält und entsteint
- 1 rote Zwiebel, fein gehackt
- 2 Passionsfrüchte (Maracujas)
- 2 frische Basilikumstängel
- 2 EL Limettensaft
- Salz

So geht's

Die Lachssteaks unter fließend kaltem Wasser abwaschen, mit Küchenpapier trocken tupfen und in eine große flache Auflaufform legen. Mit der Limettenschale bestreuen und mit dem Saft übergießen. Dann mit Salz und Pfeffer würzen, abdecken und während der weiteren Vorbereitung marinieren.

Die Mango würfeln und mit der Zwiebel in eine Schüssel geben. Die Passionsfrüchte halbieren, das Fruchtfleisch mit einem Löffel herauslösen und in die Schüssel geben. Die Basilikumblätter klein zupfen und mit dem Limettensaft in die Schüssel geben. Mit Salz abschmecken und gut durchrühren. Mit Frischhaltefolie abdecken.

Die Lachssteaks bei mittlerer Hitze 3–4 Minuten von jeder Seite in der Pfanne braten oder alternativ auf dem aufgeheizten Außengrill zubereiten. Sofort mit der Salsa servieren.

Mexikanischer Thunfisch

Der Geschmack des Meeres

Zutaten für 4 Personen

- 4 Thunfischsteaks à 175 g

Sauce

- 2 EL Maisöl
- 2 Schalotten, fein gehackt
- 1 Knoblauchzehe, fein gehackt
- 1 rote Paprika, gehackt
- 2 Fleischtomaten, gehackt
- 3 EL Tomatenketchup
- 2 EL milder Senf
- 2 EL Rohrzucker
- 1 EL flüssiger Honig
- 1 EL Cayennepfeffer
- 1 EL Chilipulver
- 1 EL Paprikapulver
- 1 EL Tequila

Garnierung

- frische Korianderstängel
- Limettenspalten

So geht's

Für die Sauce das Öl in einem Topf erhitzen. Darin Schalotten und Knoblauch unter gelegentlichem Rühren bei schwacher Hitze 5 Minuten andünsten, aber nicht bräunen. Die Paprika zugeben und 1 Minute dünsten, anschließend die Tomaten zufügen und alles unter gelegentlichem Rühren 20 Minuten köcheln lassen. Danach Ketchup, Senf, Zucker, Honig, Cayennepfeffer, Chili- und Paprikapulver sowie Tequila einrühren und alles weitere 20 Minuten köcheln lassen. Anschließend vom Herd nehmen und abkühlen lassen.

Die Sauce im Mixer glatt pürieren. Die Steaks unter fließend kaltem Wasser abwaschen und trocken tupfen. Dann beidseitig mit Sauce bestreichen. Den Fisch in eine flache Schale geben, mit Frischhaltefolie abdecken und 1 Stunde im Kühlschrank marinieren. Die restliche Sauce aufbewahren.

Den Thunfisch in der Pfanne zubereiten, alternativ auf dem aufgeheizten Außengrill: Die Steaks mit Sauce bestreichen und bei mittlerer Hitze von jeder Seite 3 Minuten braten bzw. grillen, währenddessen regelmäßig Sauce auf den Fisch auftragen. Anschließend die Thunfischsteaks auf Portionstellern anrichten, mit Koriander und Limettenspalten garnieren und sofort servieren.

Seezunge in Chilijoghurt

Der Geschmack des Meeres

Zutaten für 4 Personen

- 2 EL Pflanzen- oder Erdnussöl
- 1 große Zwiebel, in Scheiben geschnitten
- 4-cm-Stück frische Ingwerwurzel, fein gehackt
- ½ TL Salz
- ¼ TL gemahlene Kurkuma
- 1 Prise gemahlener Zimt
- 1 Prise gemahlene Gewürznelke
- 200 g Naturjoghurt
- 1 EL Mehl
- 1 kleine Prise Chilipulver
- Salz und Pfeffer
- 4 Seezungenfilets à 150 g, abgetupft
- 30 g Butterschmalz oder 2 EL Pflanzen- oder Erdnussöl
- frische grüne Chiliringe, zum Garnieren

So geht's

Das Öl in einer großen Pfanne auf mittlerer bis hoher Stufe erhitzen. Die Zwiebel zugeben und 8 Minuten andünsten, bis sie weich und goldbraun ist. Den Ingwer zufügen und 1 weitere Minute braten.

Salz, Kurkuma, Zimt und Gewürznelke zugeben und weitere 30 Sekunden anbraten. Die Pfanne vom Herd nehmen und den Joghurt nach und nach unterrühren, dabei die Sauce aufschlagen. Die Joghurtmischung in einen Mixer oder eine Küchenmaschine geben und pürieren, bis sich eine Paste bildet.

Das Mehl mit dem Chilipulver und Salz und Pfeffer nach Belieben würzen. Die Fischfilets mit dem gewürzten Mehl von beiden Seiten leicht bestäuben.

Die Pfanne mit Küchenpapier abwischen und darin das Butterschmalz auf mittlerer bis hoher Stufe zerlassen. Wenn es Blasen wirft, die Hitze auf mittlere Stufe reduzieren und die Fischfilets nebeneinander in die Pfanne geben. 2½ Minuten braten, bis sie goldbraun sind.

Die Fischfilets umdrehen und 1 weitere Minute braten. Die Joghurtsauce dazugeben und unter Rühren erneut erhitzen, bis die Sauce heiß und der Fisch gar ist (der Fisch zerfällt leicht). Auf Teller geben, mit den grünen Chiliringen garnieren und sofort servieren.

Lachs-Dill-Küchlein

Der Geschmack des Meeres

Zutaten für 8 Stück

- 300 g gegarter Lachs, zerteilt
- 300 g Kartoffelpüree
- 8 EL frisch gehackter Dill, plus einige Dillstängel zum Garnieren
- 6 Frühlingszwiebeln, fein gehackt
- 1 EL grob abgeriebene Zitronenschale
- 1 EL Mehl, gesiebt, plus etwas mehr zum Bestäuben
- 1 TL Salz
- ½ TL Pfeffer
- 2 Eier, leicht verquirlt
- glutenfreies Mehl, zum Bestäuben
- Pflanzenöl, zum Braten

Aioli

- 3 große Knoblauchzehen
- 1 EL grobes Meersalz
- 2 Eigelb (zimmerwarm)
- 250 ml natives Olivenöl extra
- 2 EL Zitronensaft

So geht's

In einer großen Schüssel Lachs, Kartoffelpüree, Dill, Frühlingszwiebeln und Zitronenschale mit einer Gabel vermengen. Mit dem Mehl bestreuen, Salz und Pfeffer zugeben, dann die Eier unterrühren. Mit bemehlten Händen acht Küchlein formen, jedes ca. 2 cm dick. Auf ein mit Backpapier ausgelegtes Backblech setzen und mindestens 2 Stunden ruhen lassen.

Für die Aioli den Knoblauch schälen und mit dem Meersalz im Mörser zu einer glatten Paste zerstoßen. In eine große Schüssel geben und das Eigelb einrühren. Das Öl unter Rühren tropfenweise zufügen, bis die Mischung sämig und glatt ist, dann den Zitronensaft einarbeiten. Die Aioli in eine Servierschüssel geben, mit Frischhaltefolie abdecken und beiseitestellen.

Etwas Öl in einer Pfanne auf mittlerer Stufe erhitzen und die Fischküchlein darin etwa 8 Minuten braten, dann wenden und weitere 4–5 Minuten braten. Mit Dill garnieren und sofort mit der Aioli servieren.

Gebackener Wolfsbarsch

Der Geschmack des Meeres

Zutaten für 4 Personen

- 2 EL Olivenöl
- 1 TL frische Thymianzweige
- Salz und Pfeffer
- 4 große Wolfsbarschfilets à ca. 175 g
- Cocktailtomaten, zum Servieren

Weiße-Bohnen-Püree

- 3 EL Olivenöl
- 2 Knoblauchzehen, gehackt
- 800 g Cannellini-Bohnen aus der Dose, abgetropft und abgespült
- Saft von 1 Zitrone
- Salz und Pfeffer
- 4 EL frisch gehackte glatte Petersilie

So geht's

Den Backofen auf 200 °C vorheizen. Öl, Thymian sowie Salz und Pfeffer in einer kleinen Schale mischen. Die Filets auf ein Backbleck legen, mit der Ölmischung begießen und darin wenden. Im vorgeheizten Ofen auf der obersten Schiene 15 Minuten backen.

Unterdessen für das Bohnenpüree das Öl auf mittlerer Stufe in einer Pfanne erhitzen, den Knoblauch zufügen und unter Rühren 1 Minute garen. Die Bohnen zugeben und 3–4 Minuten erhitzen, dann den Zitronensaft zugießen und mit Salz und Pfeffer abschmecken. In die Küchenmaschine oder den Mixer geben, 2–3 Esslöffel Wasser zufügen und grob pürieren. Alternativ die Bohnenmischung mit einer Gabel zerstampfen. Die Petersilie darunterrühren.

Die Fischfilets auf dem warmen Püree anrichten, jeweils mit etwas Backflüssigkeit beträufeln und mit den Cocktailtomaten servieren.

Schnelle Paella

Der Geschmack des Meeres

Zutaten für 4 Personen

- 2 EL Olivenöl
- 1 Zwiebel, in dünne Ringe geschnitten
- 1 rote Paprika, in Streifen geschnitten
- 100 g Chorizo, in Scheiben geschnitten
- 200 g Langkornreis
- 850 ml Fischfond
- 1 Prise Safranfäden
- 150 g Erbsen, Tiefkühlware aufgetaut
- 200 g gekochte und ausgelöste Riesengarnelen
- Salz und Pfeffer
- frisch gehackte glatte Petersilie, zum Garnieren
- knuspriges Brot, zum Servieren

So geht's

Das Öl in der Pfanne auf mittlerer Stufe erhitzen. Zwiebel und Paprika hineingeben und 2 Minuten unter ständigem Rühren garen. Chorizo und Reis hinzufügen und 1 weitere Minute garen.

Fischfond und Safran einrühren und aufkochen. Die Hitze reduzieren, die Pfanne abdecken und alles 10 Minuten köcheln lassen, bis der Reis fast weich ist. Gelegentlich umrühren.

Erbsen und Riesengarnelen in die Pfanne geben und mit Salz und Pfeffer würzen. Abdecken und weitere 4–5 Minuten köcheln, bis der Reis gar ist.

Die Paella auf vorgewärmten Tellern anrichten, mit Petersilie garnieren und sofort mit knusprigem Brot servieren.

Krebs-Wantans

Der Geschmack des Meeres

Zutaten für 20 Stück

- 1 EL Erdnuss- oder Pflanzenöl, plus Öl zum Frittieren
- 2,5-cm-Stück Ingwerwurzel, fein gehackt
- ½ rote Paprika, fein gehackt
- 1 Handvoll frischer Koriander, gehackt
- 150 g weißes Krebsfleisch aus der Dose, abgetropft
- ½ TL Salz
- 20 Wantan-Hüllen
- Wasser, zum Bestreichen
- süße Chilisauce, zum Servieren

So geht's

Einen Wok auf hoher Stufe erhitzen und das Öl hineingießen. Ingwer und Paprika dazugeben und 30 Sekunden pfannenrühren. Den Koriander zugeben und alles gut vermischen. Abkühlen lassen, dann Krebsfleisch und Salz zufügen und nochmals gut durchmischen. In der Zwischenzeit die Wantan-Hüllen aus der Packung nehmen, jedoch im Stapel belassen und mit einem sauberen, feuchten Küchentuch abdecken, damit sie nicht austrocknen.

Eine Wantan-Hülle als Raute auf die Arbeitsplatte legen und die Ränder mit etwas Wasser anfeuchten. 1 Teelöffel der Krebsmischung in die Mitte der Teighülle setzen und die Seiten so darüberfalten, dass ein Dreieck entsteht.

Die Ränder zusammendrücken, um das Päckchen gut zu verschließen, dann eine kleine Tasche formen, indem die seitlichen Ecken zur Spitze hin gefaltet werden. Falls notwendig, die Ecken anfeuchten, damit sie besser haften. Den Vorgang wiederholen, bis Krebsmischung und alle Wantan-Hüllen verarbeitet sind.

Ausreichend Öl zum Frittieren in einem großen Wok auf 180–190 °C erhitzen (ein Brotwürfel bräunt darin in 30 Sekunden). Die Wantans portionsweise hineingeben und 45–60 Sekunden frittieren, bis sie rundherum knusprig und goldbraun sind. Die Wantans mit einem Schaumlöffel herausheben und auf Küchenpapier abtropfen lassen. Warm stellen, während die restlichen Wantans frittiert werden. Warm und mit süßer Chilisauce zum Dippen servieren.

Kokosgarnelen

Der Geschmack des Meeres

Zutaten für 4 Personen

- 6 Frühlingszwiebeln
- 400 ml Kokosmilch
- fein abgeriebene Schale und Saft von 1 Limette
- 4 EL frisch gehackter Koriander
- 2 EL Mais- oder Sonnenblumenöl
- Pfeffer
- 650 g rohe Riesengarnelen

Garnierung

- Zitronenspalten
- frische Korianderstängel

So geht's

Die Frühlingszwiebeln fein hacken und mit Kokosmilch, Limettenschale und -saft, Koriander und Öl in eine große nicht metallene Auflaufform geben. Dann sorgfältig mischen und mit Pfeffer würzen. Die Garnelen hineingeben und in der Kokosmischung wenden. Mit Frischhaltefolie abgedeckt 1 Stunde im Kühlschrank marinieren.

Den Backofengrill vorheizen. Die Garnelen abtropfen lassen und die Marinade aufbewahren. Die Garnelen auf acht lange Metallspieße stecken.

Die Spieße unter regelmäßigem Wenden und Bestreichen mit der Marinade bei mittlerer Hitze 8 Minuten grillen, bis die Garnelen gar und rosa verfärbt sind. Die Zitronenspalten mit der Schale nach unten bei mittlerer Hitze 5 Minuten mitgrillen. Die Garnelen mit Zitronenspalten und Koriander garnieren und sofort servieren.

Surf-&-Turf-Spieße

Der Geschmack des Meeres

Zutaten für 4 Personen

Garnelenspieße

- 12 rohe Riesengarnelen, Köpfe abgezogen und Darmfäden entfernt
- 4 Schalotten, halbiert
- 12 Cocktailtomaten
- 2 EL Sonnenblumenöl
- ½ TL gemahlener Koriander
- Pfeffer

Steakspieße

- 400 g Rumpsteak, in 2,5 cm dicke Würfel geschnitten
- 4 Zwiebeln, geviertelt
- 8 Lorbeerblätter
- 2 EL Sonnenblumenöl
- ½–¾ TL Chilipulver

Hähnchenspieße

- 400 g Hähnchenbrustfilets, in 2,5 cm dicke Würfel geschnitten
- 2 Zucchini, in dicke Scheiben geschnitten
- 2 Scheiben frische Ananas, gewürfelt
- 2 EL Sonnenblumenöl
- 2 EL Sojasauce
- 2 EL Rote-Johannisbeer-Gelee
- Pfeffer

So geht's

Den Backofengrill vorheizen. Garnelen, Schalotten und Tomaten abwechselnd auf vier Metallspieße stecken. Für die Steakspieße Steak, Zwiebelviertel und Lorbeerblätter abwechselnd auf vier Metallspieße stecken. Ebenso Hähnchenfleisch, Zucchinischeiben und Ananaswürfel abwechselnd auf vier weitere Spieße stecken.

Öl und Koriander für die Garnelenspieße in einer kleinen Schüssel mischen, mit Pfeffer würzen und die Spieße damit bestreichen. Für die Steakspieße Öl und Chilipulver in einer zweiten Schüssel mischen und die Spieße damit bestreichen. Für die Hähnchenspieße Öl, Sojasauce und Gelee in einer dritten Schüssel mischen, mit Pfeffer würzen und die Spieße damit bestreichen.

Die Garnelenspieße bei mittlerer Hitze 6–8 Minuten grillen. Die Steakspieße bei starker Hitze 5–8 Minuten grillen. Die Hähnchenspieße bei mittlerer Hitze 6–10 Minuten grillen. Alle Spieße beim Grillen regelmäßig wenden und mit ihrer jeweiligen Marinade bestreichen. Die Spieße sofort servieren, sobald alle fertig gegrillt sind.

Knuspriger Chili-Tintenfisch

Der Geschmack des Meeres

Zutaten für 4 Personen

- 500 g küchenfertige Tintenfischringe
- 5 EL Grieß
- 6 EL Speisestärke
- Pflanzen- oder Erdnussöl, zum Frittieren

Marinade

- 3 frische rote Chilis, fein gehackt
- 2 TL fein geriebene frische Ingwerwurzel
- 3 Knoblauchzehen, zerdrückt
- 2 TL Weißweinessig
- 4 EL Pflanzen- oder Erdnussöl
- 1 TL gemahlener Kreuzkümmel
- 1 TL zerstoßene Koriandersamen
- 1 TL Salz

So geht's

Für die Marinade alle Zutaten in der Küchenmaschine glatt pürieren. In eine flache, nicht metallene Schüssel geben und die Tintenfischringe zufügen. Schwenken, um alles gut zu vermengen, abdecken und 1 Stunde zum Marinieren in den Kühlschrank stellen.

In einer separaten Schüssel Grieß und Speisestärke vermengen und beiseitestellen.

Genug Öl zum Frittieren in einem großen Topf oder einer Fritteuse auf 180 °C erhitzen (ein Brotwürfel bräunt darin in 30 Sekunden). Die Tintenfischringe abtropfen lassen und in der Grießmischung wenden. Den Tintenfisch portionsweise 1–2 Minuten frittieren, bis er knusprig und goldbraun ist.

Den Tintenfisch mit einem Schaumlöffel herausnehmen und auf Küchenpapier abtropfen lassen. Sofort servieren.

Meeresfrüchte-Curry

Der Geschmack des Meeres

Zutaten für 4–6 Personen

- 3 EL Pflanzen- oder Erdnussöl
- 1 EL schwarze Senfkörner
- 12 frische Curryblätter
- 6 Schalotten, fein gehackt
- 1 Knoblauchzehe, zerdrückt
- 1 TL gemahlene Kurkuma
- ½ TL gemahlener Koriander
- ¼–½TL Chilipulver
- 150 g Kokoscreme, geraspelt und in 300 ml kochend heißem Wasser aufgelöst
- 500 g dickes weißes Fischfilet, z. B. Kabeljau oder Seeteufel, in dicke Würfel geschnitten
- 450 g große, rohe Garnelen, ausgelöst
- Saft und abgeriebene Schale von 1 Limette
- Salz

So geht's

Das Öl in einem Wok oder einer großen Pfanne auf hoher Stufe erhitzen. Die Senfkörner zugeben und ca. 1 Minute braten, bis sie platzen. Die Curryblätter zufügen.

Schalotten und Knoblauch zugeben und ca. 5 Minuten mitbraten, bis sich die Schalotten goldgelb färben. Kurkuma, Koriander und Chilipulver zufügen und alles ca. 30 Sekunden braten. Die aufgelöste Kokoscreme untermengen. Kurz aufkochen, die Hitze auf mittlere Stufe reduzieren und alles weitere 2 Minuten garen.

Die Hitze auf niedrigste Stufe herunterschalten, die Fischwürfel zugeben und 1 Minute köcheln, dabei die Sauce über den Fisch löffeln und diesen sehr vorsichtig wenden. Die Garnelen zugeben und alles weitere 4–5 Minuten köcheln, bis das Fischfleisch durchgegart ist und die Garnelen sich rosa verfärben.

Die Hälfte des Limettensafts zugeben, dann mit weiterem Limettensaft und Salz abschmecken. Mit der Limettenschale garnieren und sofort servieren.

Gebratene Jakobsmuscheln

Der Geschmack des Meeres

Zutaten für 4 Personen

- 450 g Jakobsmuscheln, ausgelöst und ohne Rogen
- 2 EL Sesamöl
- 1 EL frisch gehackter Koriander
- 1 EL frisch gehackte glatte Petersilie
- frisch gekochte Reisnudeln, zum Servieren

Sauce

- 2 EL Zitronensaft
- 2 EL Sojasauce
- 1 EL Honig
- 1 EL frisch geriebene Ingwerwurzel
- 1 EL thailändische Fischsauce
- 1 Knoblauchzehe, zerdrückt

So geht's

Für die Sauce Zitronensaft, Sojasauce, Honig, Ingwer, Fischsauce und Knoblauch in eine Schüssel geben und gut durchmischen, bis sich der Honig aufgelöst hat. Die Muscheln zufügen und rundum mit der Sauce überziehen.

Einen Wok auf hoher Stufe erhitzen. Das Öl hineingießen und 30 Sekunden erhitzen, bis es heiß ist. Dann die Muscheln samt Sauce, Koriander und Petersilie in den Wok geben. Unter ständigem Rühren 3 Minuten braten, bis die Muscheln gar sind. Kürzer braten, wenn die Muscheln klein sind.

Die Jakobsmuscheln auf vorgewärmten Tellern anrichten und sofort mit frisch gekochten Reisnudeln servieren.

Meeresfrüchte-Pasta

Der Geschmack des Meeres

Zutaten für 4 Personen

- 300 g Conchiglie
- 25 g Butter
- 3 Schalotten, fein gehackt
- 150 ml trockener Weißwein
- 350 g Lachsfilet ohne Haut, in mundgerechte Stücke geschnitten
- 175 g Schlagsahne
- 2 EL frisch gehackter Dill, plus etwas mehr zum Garnieren
- 200 g gekochte und ausgelöste Garnelen
- 200 g gekochte und ausgelöste Miesmuscheln
- Salz und Pfeffer

So geht's

Die Pasta in einem Topf mit leicht gesalzenem Wasser 8–10 Minuten kochen, bis sie al dente ist.

In der Zwischenzeit die Butter in einer großen Pfanne auf mittlerer Stufe zerlassen und die Schalotten darin 2–3 Minuten glasig dünsten.

Wein und Lachs zugeben, kurz aufkochen, dann die Hitze reduzieren und die Pfanne abdecken. 5–6 Minuten köcheln lassen, bis der Fisch gar ist und leicht in Stücke zerfällt. Den Lachs herausnehmen und warm stellen.

Sahne und Dill einrühren, dann Lachs, Garnelen und Muscheln zugeben. Unter behutsamem Rühren gar kochen, mit Salz und Pfeffer abschmecken. Die Conchiglie abtropfen lassen, zu den Meeresfrüchten geben und untermischen.

Das Pastagericht auf vorgewärmte Tellern geben, mit Dill garnieren und sofort servieren.

Gegrillte Garnelen

Der Geschmack des Meeres

Zutaten für 4 Personen

- 500 g rohe Riesengarnelen, ausgelöst
- Saft von 4 Zitronen
- 1 kleiner frischer Chili, entkernt und fein gehackt
- 5 EL natives Olivenöl extra
- 125 g roter Camargue-Reis, abgespült
- Salz und Pfeffer
- 3 rote Chicorées, in Blätter zerteilt
- 10–12 Radieschen, in Scheiben geschnitten
- 3 Frühlingszwiebeln, in Ringe geschnitten
- 4 EL rote Quinoa-Sprossen

So geht's

Die Garnelen in eine flache Schüssel geben. Zitronensaft, Chili und 2 Esslöffel Öl unterrühren, dann zum Marinieren 2 Stunden in den Kühlschrank stellen.

Den Reis mit 300 ml Wasser und ½ TL Salz in einen Topf geben, zum Kochen bringen, abdecken und 40 Minuten köcheln lassen. Dann mit einer Gabel auflockern und in einer flachen Schale zum Trocknen ausbreiten.

Unterdessen vier Holzspieße in einer Schüssel mit Wasser mindestens 30 Minuten einweichen. Den Backofengrill vorheizen.

Den Reis in einer großen Pfanne so verteilen, dass er eine dünne Lage bildet. Den Reis mit dem restlichen Öl beträufeln, dann in der Pfanne bei mittlerer Hitze einige Minuten braten, bis er knusprig ist. Den Reis umrühren und einige Minuten weiterbraten. Dann bis zum Servieren warm halten.

Die Garnelen abtröpfen lassen, auf die Holzspieße stecken und mit Salz und Pfeffer würzen. 5–6 Minuten grillen, bis sie rundum rosa sind.

Die Chicoréeblätter auf vier Teller verteilen, dann Reis, Radieschen und Frühlingszwiebeln darauf anrichten. Die fertigen Garnelen von den Spießen streifen und auf den Salat setzen. Mit den Quinoa-Sprossen garnieren und sofort servieren.

Muscheln in Weißwein

Der Geschmack des Meeres

Zutaten für 4 Personen

- 2 kg Miesmuscheln, abgebürstet und Bärte entfernt
- 300 ml trockener Weißwein
- 6 Schalotten, fein gehackt
- 1 Bouquet garni im Musselinsäckchen
- Pfeffer
- frische glatte Petersilienstängel, zum Garnieren

So geht's

Sämtliche Muscheln mit zerbrochener Schale und solche, die sich beim Dagegenklopfen nicht schließen, wegwerfen.

Den Wein in eine große schwere Kasserolle füllen, Schalotten und Bouquet garni zufügen und mit Pfeffer würzen. Bei mittlerer Hitze zum Kochen bringen, die Muscheln zufügen und abdecken. Unter gelegentlichem Schütteln der Kasserolle 3–4 Minuten kochen bzw. so lange, bis sich die Muscheln öffnen. Vom Herd nehmen, das Bouquet garni entfernen, ebenso alle Muscheln, die sich nicht geöffnet haben.

Die Muscheln mit einem Schaumlöffel auf vier Portionsschalen verteilen. Die Kasserolle neigen, bis sich sämtlicher Sand abgesetzt hat, dann den Weißweinsud über die Muscheln löffeln. Mit Petersilie garnieren und sofort servieren.

Sushi-Schiffchen

Der Geschmack des Meeres

Zutaten für 8 Stück

- 2 geröstete Nori-Blätter, längs in je 4 Streifen geschnitten
- Wasabi, zum Bestreichen
- 8 EL Lachs- oder Forellenrogen
- Sojasauce, zum Servieren

Sushi-Reis

- 2 Tassen Sushi-Reis
- 1 Stück Kombu (nach Belieben)
- 10 EL Reisessig
- 6 TL Zucker
- 3 TL Salz

So geht's

Für den Sushi-Reis den Reis unter fließend kaltem Wasser waschen, bis das Wasser klar bleibt. Mit 2 Tassen Wasser und Kombu in einem Topf zum Kochen bringen. Den Kombu entfernen, den Reis bei reduzierter Hitze 5 Minuten köcheln lassen. Die Herdplatte ausschalten. Zwischen Topf und Deckel ein sauberes Küchentuch legen und den Reis 15 Minuten quellen lassen.

Inzwischen Essig, Zucker und Salz in einem kleinen Topf kurz aufkochen und unter Rühren Zucker und Salz auflösen. Abkühlen lassen.

Den heißen Reis in eine flache Schüssel geben und die Essigmischung über einen Holzlöffel langsam auf den Reis gießen. Nur so viel Essigmischung verwenden, dass sich keine Flüssigkeit auf dem Schüsselboden ansammelt. Mit dem Holzlöffel den Reis vorsichtig durchmischen, damit die Reiskörner nicht beschädigt werden. Dabei mit einem Fächer Luft zufächern, sodass der Reis schnell trocknet und schön glänzt.

Den auf Raumtemperatur abgekühlten Reis in acht Portionen aufteilen. Mit angefeuchteten Händen aus jeder Portion ein ovales Reisbällchen formen. Um jedes Reisbällchen einen Nori-Streifen wickeln, der oben ein wenig über den Reis hinausragt. Die Nahtstelle mit einigen zerdrückten Reiskörnern verkleben. Nun auf jedes Sushi-Schiffchen etwas Wasabi streichen und je 1 Esslöffel Lachsrogen daraufgeben. Das Sushi mit Sojasauce servieren.

Thunfisch-Sesam-Rollen

Der Geschmack des Meeres

Zutaten für 12 Stück

- 8 cm x 6 cm großes Mittelstück vom Thunfischfilet (2 cm dick)
- 2 TL Sesamöl
- 2 EL geröstete Sesamsaat
- 3 kleine geröstete Nori-Blätter, längs in 4 Streifen geschnitten
- 2 EL Öl

So geht's

Den Thunfisch in zwölf Würfel schneiden und erst im Sesamöl, dann in der Sesamsaat wenden.

Jeden Würfel in einen Nori-Streifen wickeln, die dabei überstehende Nori-Kante abschneiden, sodass der Streifen mit wenig Überlappung genau einmal um den Thunfischwürfel reicht. Die Nori-Kante mit etwas Wasser befeuchten, um die Rolle zu verschließen.

Das Öl in einer Pfanne erhitzen und die Würfel mit der Thunfischseite in die Pfanne setzen.

2 Minuten garen, dann von der anderen Seite braten. Die Sesamsaat sollte dunkelbraun, aber nicht verbrannt sein und der Thunfisch fast gar. In der Mitte bleibt ein Stück roh. Soll der Fisch durchgegart sein, von beiden Seiten etwas länger braten.

Lachs-Spargel-Rollen

Der Geschmack des Meeres

Zutaten für 24 Stück

- 6 Stangen grüner Spargel
- 150 g frischer Lachs oder 150 g Lachsfilet in Sushi-Qualität, in 10 cm lange Streifen geschnitten
- 1 EL Öl
- 1 Portion Sushi-Reis (s. S. 154)
- 6 geröstete Nori-Blätter
- Wasabi zum Bestreichen, plus etwas mehr zum Servieren
- 1 EL japanische Mayonnaise
- 1 TL geröstete Sesamsaat
- Sojasauce und eingelegter Ingwer, zum Servieren

So geht's

Den Spargel flach in einen mit kochendem Wasser gefüllten Topf legen und 10 Minuten weich garen. Abgießen und abkühlen lassen.

Das Lachsstück häuten und entgräten. Das Öl in einer Pfanne erhitzen und den Lachs auf mittlerer Stufe von beiden Seiten 8 Minuten gar braten. Abkühlen lassen und mit den Fingern in große Stücke teilen.

Den Sushi-Reis in sechs gleich große Portionen teilen. Ein Nori-Blatt mit der glänzenden Seite nach unten auf eine Sushi-Matte legen und mit nassen Händen eine Portion Reis gleichmäßig darauf verteilen, dabei an der hinteren Kante 2 cm Nori frei lassen. Etwas Wasabi vorn auf dem Reis verteilen, darüber ein wenig Mayonnaise verstreichen, auf diese eine Spargelstange legen, dann die Lachsstücke dahinterlegen. Mit Sesamsaat bestreuen.

Die Matte an dem Ende mit den Zutaten nach oben umschlagen und an der Nori-Kante mit dem Rollen beginnen. Die Matte nach oben ziehen und dabei mit gleichmäßigem, leichtem Druck weiterrollen. Die obere Kante der Sushi-Rolle mit Wasser anfeuchten, um sie zu verschließen.

Die Rolle von der Matte nehmen und mit einem angefeuchteten, sehr scharfen Messer in vier gleich große Stücke schneiden. Diese mit der Schnittseite nach unten auf einem Teller anrichten. Mit den restlichen Zutaten ebenso verfahren. Mit Sojasauce, eingelegtem Ingwer und etwas Wasabi servieren.

Garnelen-Paprika-Rollen

Der Geschmack des Meeres

Zutaten für 12 Stück

- 2 rote Paprika
- 1 kleine vollreife Avocado, in Scheiben geschnitten
- 8 große gekochte Garnelen, ausgelöst
- Salz und Pfeffer

So geht's

Den Backofen auf 200 °C vorheizen. Die Paprika auf ein Backblech setzen und 30 Minuten im vorgeheizten Ofen backen, bis die Haut schwarz wird und sich zu lösen beginnt. Abkühlen lassen und häuten. Jede Paprika halbieren und entkernen.

Die Paprikahälften auf ein Schneidebrett legen und auf eine Seite Avocadoscheiben geben. Je 2 Garnelen dazulegen und kräftig mit Salz und Pfeffer würzen. Die Paprika eng aufrollen, jede Rolle fest in Frischhaltefolie einwickeln und 30 Minuten kalt stellen.

Die Frischhaltefolie vorsichtig von den Paprikarollen lösen und die Enden der Rollen abschneiden, sodass die Rollen gerade sind. Jede Rolle mit einem angefeuchteten, sehr scharfen Messer in 3 Stücke schneiden. Die Stücke mit den Schnittseiten nach unten auf einem Teller anrichten.

Süße Abkühlung

Joghurt mit Erdbeeren

Süße Abkühlung

Zutaten für 4 Personen

- 20 g Kokosraspel
- 200 g Erdbeeren, geputzt
- fein abgeriebene Schale und Saft von 1 Limette
- 350 g fettarmer Naturjoghurt
- 4 TL flüssiger Honig
- 2 Passionsfrüchte (Maracujas), halbiert
- 1 EL getrocknete Gojibeeren, grob gehackt

So geht's

Die Kokosraspel in eine trockene Pfanne geben und bei mittlerer Hitze 2–3 Minuten rösten. Dabei die Pfanne schwenken, bis die Raspel goldgelb sind. Vom Herd nehmen und abkühlen lassen.

Die Erdbeeren zerdrücken und mit der Hälfte des Limettensafts vermischen.

Limettenschale, restlichen Saft, Joghurt und Honig in einer Schüssel vermischen. Drei Viertel der Kokosraspel einrühren, dann das Passionsfruchtfleisch darüberlöffeln und mit dem Joghurt verrühren.

Joghurtmischung und Erdbeeren in vier kleine Vorratsgläser oder Schraubgläser (à 200 ml Volumen) schichten, dabei mit den Erdbeeren beginnen und mit Joghurt abschließen. Mit den restlichen Kokosraspeln und Gojibeeren bestreuen. Die Deckel verschließen und die Gläser bis zum Servieren in den Kühlschrank stellen. Innerhalb von 24 Stunden verzehren.

Beeren im Joghurtmantel

Süße Abkühlung

Zutaten für 4 Personen

- 225 g fettarmer Naturjoghurt
- 1 EL flüssiger Honig
- ¼ TL Vanilleextrakt
- 125 g Blaubeeren
- 125 g Himbeeren

So geht's

Drei Backbleche mit Backpapier auslegen, zuvor jedoch prüfen, ob sie ins Gefrierfach passen.

Joghurt, Honig und Vanilleextrakt in einer Schüssel verrühren. Einige Blaubeeren in den Joghurt geben, dann mithilfe von zwei Gabeln die Beeren mit einer dünnen Joghurtschicht überziehen. Eine Beere nach der anderen herausnehmen, überschüssigen Joghurt abschütteln und die Beeren auf eines der vorbereiteten Bleche legen.

So fortfahren, bis alle Blaubeeren auf dem Blech liegen. Mit den Himbeeren ebenso verfahren und auf zwei Bleche legen. 2–3 Stunden gefrieren, bis alle Beeren fest sind.

Die Beeren von den Blechen nehmen und in Gefrierbeutel oder Kunststoffbehälter füllen. Verschließen und bis zu 1 Monat lagern.

Jeweils die benötigte Menge aus dem Gefrierbeutel entnehmen. Vor dem Servieren 10 Minuten antauen lassen, damit die Beeren etwas weich werden.

Obstspieße

Süße Abkühlung

Zutaten für 4 Personen

- verschiedene Obstsorten, z. B. Aprikosen, Pfirsiche, Erdbeeren, Mangos, Ananas, Bananen, vorbereitet und in gleich große Stücke geschnitten
- Ahornsirup, zum Bestreichen
- 50 g Zartbitterschokolade, in Stücke gebrochen

So geht's

Bei der Verwendung von Holzspießen, diese vor dem Gebrauch 30 Minuten in kaltem Wasser einlegen, damit sie nicht anbrennen. Pro Person ein Spieß.

Einen Elektrogrill vorheizen oder einen Holzkohlegrill aufheizen. Die Obststücke abwechselnd auf die gewässerten Spieße oder alternativ auf Metallspieße stecken und mit etwas Ahornsirup bestreichen.

Die Schokolade in eine hitzebeständige Schüssel geben, die Schüssel auf einen Topf mit leicht köchelndem Wasser setzen und erhitzen, bis die Schokolade geschmolzen ist.

Inzwischen die Spieße grillen, bis sie angebräunt sind. Mit etwas geschmolzener Schokolade beträufeln und servieren.

Gegrillte Ananas

Süße Abkühlung

Zutaten für 4 Personen

- 1 Ananas
- 3 EL brauner Rum
- 2 EL Rohrzucker
- 1 TL Ingwerpulver
- 4 EL zerlassene Butter

So geht's

Den Backofengrill vorheizen. Das Blatt- und Strunkende der Ananas mit einem scharfen Messer abtrennen. Die Ananas in 2 cm dicke Scheiben schneiden. Die Schale rundum abschneiden und die Augen mit der Messerspitze entfernen. Die holzige Mitte mit einem Kerngehäuse- oder Plätzchenausstecher sorgfältig entfernen.

Rum, Zucker, Ingwer und Butter in einem Messbecher mischen und so lange rühren, bis der Zucker aufgelöst ist. Dann die Ananasscheiben mit der Rummischung bestreichen.

Die Ananasscheiben bei starker Hitze von jeder Seite 3–4 Minuten grillen. Auf Portionstellern anrichten, mit der restlichen Rummischung beträufeln und sofort servieren.

Italienisches Vanilleeis

Süße Abkühlung

Zutaten für 6–8 Personen

- 425 ml Milch
- 1 Vanillestange
- 6 Eigelb
- 125 g Zucker
- 6–8 Eiswaffeln, zum Servieren

So geht's

Die Milch in einen großen Topf geben. Die Vanillestange aufschneiden und das Mark herauskratzen. Vanillemark und -stange in die Milch geben und bei geringer Hitze erwärmen. Sobald die Milch aufkocht, den Topf vom Herd nehmen und die Mischung 30 Minuten ziehen lassen. Eigelb und Zucker in einer Schüssel cremig schlagen. Die Vanillestange aus der Milch entfernen. Die Milch unter Rühren zur Eimischung gießen und gut vermengen.

Die Mischung in den ausgespülten Topf gießen und bei geringer Hitze 10–15 Minuten unter Rühren eindicken, bis sie den Rücken eines Holzlöffels überzieht. Die Creme nicht aufkochen, sonst gerinnt sie.

Den Topf vom Herd nehmen und in eine große Schüssel mit Eiswasser stellen. Die Creme 1 Stunde abkühlen lassen, dabei gelegentlich umrühren, damit sich auf der Oberfläche keine Haut bildet.

Bei Gebrauch einer Eismaschine die Creme einfüllen und nach Herstelleranweisung zu Eiscreme verarbeiten. Alternativ die Creme in einen gefriergeeigneten Behälter füllen und unbedeckt 1–2 Stunden ins Gefrierfach stellen. Dann in eine Schüssel geben und alles mit einer Gabel gut verrühren. Zurück in den Behälter geben und weitere 2–3 Stunden ins Gefrierfach stellen, bis die Masse fest ist.

Zur weiteren Lagerung den Behälter gut verschließen und ins Gefrierfach stellen. Die Eiscreme 15–20 Minuten vor dem Servieren aus dem Gefrierfach nehmen und im Kühlschrank leicht antauen lassen. Je eine Eiskugel in eine Eiswaffel geben und sofort servieren.

Pistazieneis

Süße Abkühlung

Zutaten für 6–8 Personen

- 875 ml Milch
- 1 Vanillestange, aufgeschlitzt
- 9 Eigelb
- 200 g Zucker
- 2 EL Mandellikör (nach Belieben)
- einige Tropfen grüne Lebensmittelfarbe (nach Belieben)
- 150 g blanchierte Pistazienkerne, fein gehackt

So geht's

Die Milch in einem großen Topf mit der Vanillestange zum Sieden bringen. Vom Herd nehmen und die Milch 15 Minuten ziehen lassen.

Eigelb und Zucker in einer Schüssel cremig schlagen. Die Vanillestange entfernen und die Milch in einem dünnen Strahl unter ständigem Rühren in die Eigelbmasse geben. Die Creme durch ein feines Sieb in den ausgespülten Topf passieren und unter ständigem Rühren 10–15 Minuten bei geringer Hitze eindicken, bis sie den Rücken eines Holzlöffels überzieht. Die Creme nicht aufkochen, sonst gerinnt sie.

Den Topf vom Herd nehmen und die Creme mindestens 1 Stunde abkühlen lassen. Gelegentlich rühren, damit sich auf der Oberfläche keine Haut bildet. Mandellikör und Lebensmittelfarbe, falls erwünscht, für eine zarte Grünfärbung in die erkaltete Creme rühren.

Bei Gebrauch einer Eismaschine die Creme einfüllen und nach Herstelleranweisung zu Eiscreme verarbeiten. Ist die Eismasse fast gefroren, die Pistazien unterrühren. Alternativ die Creme in einen gefriergeeigneten Behälter füllen und unbedeckt 1–2 Stunden ins Gefrierfach stellen, bis sie am Rand fest wird. Dann in einer Schüssel mit einer Gabel gut verrühren. Die Pistazien unterrühren. Zurück in den Behälter geben und weitere 2–3 Stunden ins Gefrierfach stellen, bis das Eis fest ist.

Den Behälter im Gefrierfach lagern. 15–20 Minuten vor dem Servieren aus dem Gefrierfach nehmen und im Kühlschrank leicht antauen lassen.

Erdbeereis mit Kokosmilch

Süße Abkühlung

Zutaten für 6 Personen

- 450 g Erdbeeren, geputzt und halbiert
- 400 ml Kokosmilch aus der Dose
- 80 g flüssiger Honig
- gehackte Haselnüsse, zum Servieren (nach Belieben)

So geht's

Die Erdbeeren in einer Küchenmaschine pürieren, dann durch ein feines Sieb in eine Rührschüssel streichen, um die kleinen Kerne zu entfernen.

Kokosmilch und Honig mit dem Erdbeerpüree verrühren.

Die Mischung in eine flache große Auflaufform füllen, mit Frischhaltefolie abdecken und 2 Stunden ins Gefrierfach stellen, bis die Mischung fest ist.

Die Mischung wieder in die Küchenmaschine geben und mit der Pulsfunktion erneut pürieren, um die Eiskristalle aufzubrechen. In einen Kunststoffbehälter oder eine mit Backpapier ausgelegte Backform (900 ml Inhalt) füllen. Den Deckel auflegen oder das Papier überfalten. Wieder ins Gefrierfach stellen und 3–4 Stunden fest werden lassen, bis die Eiscreme herausgelöffelt werden kann.

Sofort servieren oder bis zum Verzehr im Gefrierfach lassen. 15 Minuten bei Zimmertemperatur antauen lassen, dann auf Schalen verteilen und nach Belieben mit gehackten Haselnüssen bestreut servieren.

Eiscreme mit grünem Tee

Süße Abkühlung

Zutaten für 4 Personen

- 250 ml Milch
- 2 Eigelb
- 2 EL Zucker
- 2 EL Matcha (pulverisierter grüner Tee)
- 90 ml heißes Wasser
- 250 g Schlagsahne, steif geschlagen

So geht's

Die Milch in einem großen Topf bis kurz vor dem Siedepunkt erhitzen. Den Topf vom Herd nehmen. Eigelb und Zucker in einer Schüssel cremig rühren. Die warme Milch unter Rühren langsam zugießen und alles gut vermengen.

Die Mischung in den ausgespülten Topf gießen und bei geringer Hitze 10–15 Minuten unter Rühren eindicken, bis sie den Rücken eines Holzlöffels überzieht. Die Creme nicht aufkochen, sonst gerinnt sie.

Den Topf vom Herd nehmen und in eine große Schüssel mit Eiswasser stellen. Die Creme 1 Stunde abkühlen lassen, dabei gelegentlich umrühren, damit sich auf der Oberfläche keine Haut bildet. Das Matcha-Pulver im heißen Wasser auflösen und unter die Creme rühren.

Bei Gebrauch einer Eismaschine die Sahne unter die Creme heben, diese in die Eismaschine füllen und nach Herstelleranweisung zu Eiscreme verarbeiten. Alternativ die Sahne unter die Creme heben, diese in einen gefriergeeigneten Behälter füllen und unbedeckt 1–2 Stunden ins Gefrierfach stellen. Dann in eine Schüssel geben und alles mit einer Gabel gut verrühren. Zurück in den Behälter geben und weitere 2–3 Stunden ins Gefrierfach stellen, bis die Masse fest ist.

Zur weiteren Lagerung den Behälter gut verschließen und ins Gefrierfach stellen. Die Eiscreme 15–20 Minuten vor dem Servieren aus dem Gefrierfach nehmen und im Kühlschrank leicht antauen lassen.

Sorbet aus roten Beeren

Süße Abkühlung

Zutaten für 6 Personen

- 250 g frische Rote Johannisbeeren, plus einige mehr zum Garnieren
- 250 g frische Himbeeren, plus einige Beeren zum Garnieren
- 175 ml Wasser
- 120 g Zucker
- 150 ml Cranberry- oder Preiselbeersaft
- 2 Eiweiß
- Waffelschalen, zum Servieren

So geht's

Die Johannisbeeren von den Stielen streifen und mit den Himbeeren in einen großen Topf geben. 2 Esslöffel Wasser zugeben und alles bei mittlerer Hitze 10 Minuten köcheln, bis die Beeren weich sind. Die Beeren durch ein feines Sieb in eine Schüssel passieren.

Zucker und restliches Wasser in den ausgespülten Topf geben und unter Rühren sanft erhitzen, bis sich der Zucker aufgelöst hat. Zum Kochen bringen und ohne Rühren 10 Minuten zu einem Sirup einkochen; darauf achten, dass er nicht braun wird. Den Topf vom Herd nehmen und den Sirup mindestens 1 Stunde abkühlen lassen. Beerenpüree und Cranberry- oder Preiselbeersaft in den erkalteten Sirup rühren.

Bei Gebrauch einer Eismaschine die Fruchtmasse einfüllen und nach Herstelleranweisung zu Sorbet verarbeiten. Ehe die Masse gefriert, das Eiweiß zu festem, aber nicht trockenem Eischnee schlagen, diesen unter die Masse heben und weiter gefrieren. Alternativ die Fruchtmasse in einem gefriergeeigneten Behälter unbedeckt 3–4 Stunden ins Gefrierfach stellen, bis sie breiig ist. Dann mit einer Gabel gut verrühren. Das Eiweiß steif schlagen und unter die Sorbetmasse heben. Zurück in den Behälter geben und weitere 3–4 Stunden ins Gefrierfach stellen, bis das Sorbet fest ist.

Den Behälter im Gefrierfach lagern. Das Sorbet 15–20 Minuten vor dem Servieren im Kühlschrank leicht antauen lassen. In Waffelschalen anrichten, mit Johannisbeeren und Himbeeren garnieren und servieren.

Sommerliche Beerentorte

Süße Abkühlung

Zutaten für 1 Torte

- 280 g weiche Butter, plus etwas mehr zum Einfetten
- 280 g Feinstzucker
- 5 Eier, verquirlt
- 5 Tropfen Vanillearoma
- 280 g Mehl
- 2½ TL Backpulver
- 3 EL Milch
- 5 EL Himbeer- oder Erdbeerkonfitüre
- 150 g Schlagsahne
- 350–400 g feste, frische Beeren, z. B. Himbeeren, Erdbeeren, Blaubeeren
- Puderzucker, zum Bestäuben

Frischkäsecreme

- 200 g Frischkäse
- 100 g weiche Butter
- 1 TL Zitronensaft
- 100 g Puderzucker
- pink Lebensmittelfarbe

So geht's

Den Backofen auf 180 °C vorheizen. Zwei Springformen (20 cm Ø) einfetten und mit Backpapier auslegen. Butter und Zucker in einer Schüssel hell und cremig rühren. Nach und nach die Eier einarbeiten und das Vanillearoma unterrühren. Mehl und Backpulver darübersieben und vorsichtig unter den Teig ziehen. Die Milch unterrühren. Den Teig zu gleichen Teilen in die vorbereiteten Formen füllen und im vorgeheizten Ofen 35–40 Minuten backen, bis die Tortenböden gut aufgegangen sind und auf Fingerdruck elastisch nachgeben. Auf ein Kuchengitter stürzen und auskühlen lassen.

Einen Tortenboden auf einen Kuchenteller setzen und mit der Konfitüre bestreichen. Die Sahne steif schlagen und bis fast zum Rand auf der Konfitüre verstreichen. Den zweiten Tortenboden daraufsetzen und leicht andrücken, sodass die Sahne bis zum Rand herausquillt.

Den Frischkäse mit der Butter glatt rühren. Zitronensaft und Puderzucker unterrühren. Mit Lebensmittelfarbe zartpink einfärben. Mit einem Palettenmesser Oberfläche und Rand der Torte dünn mit Creme bestreichen, dann im Kühlschrank 15 Minuten fest werden lassen.

Mit einer zweiten, dickeren Cremeschicht einstreichen und mit dem Palettenmesser dekorative Vertiefungen einziehen. Vor dem Servieren die Torte mit den Beeren belegen und mit etwas Puderzucker bestäuben.

Zitronen-Käsekuchen

Süße Abkühlung

Zutaten für 1 Kuchen

- 50 g Butter, plus etwas mehr zum Einfetten
- 175 g Ingwerplätzchen, zerkrümelt
- 3 Zitronen
- 300 g Ricotta
- 200 g griechischer Naturjoghurt (10 % Fett)
- 4 Eier, verquirlt
- 1 EL Speisestärke
- 100 g Feinstzucker
- Zitronenzesten, zum Dekorieren
- Puderzucker, zum Bestäuben

So geht's

Den Backofen auf 180 °C vorheizen. Eine Springform (20 cm Ø) einfetten, dann Boden und Rand mit Backpapier auslegen.

Die Butter in einem Topf zerlassen und die Kekskrümel unterrühren. Die Masse auf den Boden der vorbereiteten Form drücken und im Kühlschrank fest werden lassen.

Inzwischen die Schale von den Zitronen fein abreiben und den Saft auspressen. Ricotta, Joghurt, Eier, Speisestärke und Zucker zufügen und alles zu einer glatten Masse rühren.

Die Käsemasse auf den Krümelboden gießen und glatt streichen. Im vorgeheizten Ofen 40–45 Minuten backen, bis die Füllung fest und leicht gebräunt ist.

Den Käsekuchen in der Form erkalten lassen. Aus der Form lösen und auf einen Kuchenteller heben. Mit Zitronenzesten dekorieren und mit Puderzucker bestäuben.

Überbackene Eisbomben

Süße Abkühlung

Zutaten für 4 Personen

- 4 EL Sultaninen oder Korinthen
- 3 EL brauner Rum oder Ingwerwein
- 4 quadratische Scheiben Honigkuchen
- 4 Kugeln Vanille- oder Malagaeiscreme
- 3 Eiweiß
- 175 g Zucker

So geht's

Den Backofen auf 230 °C vorheizen. Sultaninen und Rum in eine Schale geben.

Die Honigkuchenscheiben mit ausreichend Abstand auf ein Backblech legen und je 1 Esslöffel Rumrosinen darauf verteilen.

Je 1 Kugel Eiscreme in die Mitte daraufsetzen und ins Gefrierfach geben.

Inzwischen das Eiweiß in einer sauberen, fettfreien Schüssel halb steif schlagen. Unter Rühren esslöffelweise den Zucker zufügen, bis die Masse steif und glänzend ist.

Die Kuchenscheiben aus dem Gefrierfach nehmen und vollständig mit der Baisermasse einhüllen.

Im vorgeheizten Ofen etwa 5 Minuten backen, bis die Baisermasse zu bräunen beginnt. Sofort servieren.

Joghurt-Himbeer-Eis

Süße Abkühlung

Zutaten für 8 Stück

- 200 g Himbeeren
- 500 g Vanillejoghurt
- 10 Tropfen Vanillearoma

Läuterzucker (ergibt 100 ml)

- 40 g Feinstzucker
- 80 ml Wasser

So geht's

Für den Läuterzucker Zucker und Wasser in einen kleinen Topf geben und bei kleiner Hitze 6–8 Minuten rühren, bis sich der Zucker vollständig aufgelöst hat. Die Hitze erhöhen und den Sirup zum Kochen bringen. Dann die Hitze auf mittlere Stufe reduzieren und den Sirup 3–4 Minuten köcheln lassen. Den Topf vom Herd nehmen und den Sirup bei aufgesetztem Deckel vollständig erkalten lassen. Der Läuterzucker hält sich, abgefüllt in eine saubere Schraubflasche, bis zu 1 Woche im Kühlschrank.

Für das Eis Himbeeren und Läuterzucker im Standmixer oder mit dem Stabmixer glatt pürieren. Durch ein feines Sieb in eine Schüssel streichen, um die Kerne zu entfernen.

Joghurt und Vanillearoma in einer Schüssel verrühren. Das Himbeerpüree mit einem Holzspieß vorsichtig unterziehen, sodass ein marmorierter Effekt entsteht.

In acht Eisförmchen (à 100 ml) füllen. Die Stiele hineinstecken und die Masse dann 4–5 Stunden gefrieren, bis sie fest ist.

Um das Eis herauszulösen, die Förmchen einige Sekunden in warmes Wasser tauchen und das Eis vorsichtig am Stiel herausziehen.

Limetten-Chili-Sorbet-Lollis

Süße Abkühlung

Zutaten für 8 Stück

- 100 g Feinstzucker
- 1 frischer roter Chili, entkernt und sehr fein gehackt
- 400 ml Wasser
- 4 große Limetten
- 8 dünne Limettenscheiben

So geht's

Zucker, Chili und Wasser in einen Topf geben und bei kleiner bis mittlerer Hitze 6–8 Minuten rühren, bis sich der Zucker vollständig aufgelöst hat. Die Hitze erhöhen und den Sirup zum Kochen bringen. Dann sofort vom Herd nehmen.

Die Schale von 2 Limetten fein abreiben und in den Sirup geben. Abgedeckt vollständig erkalten lassen (etwa 1 Stunde).

Alle 4 Limetten auspressen und den Saft in den Sirup rühren.

Die Mischung in acht Eisförmchen (à 80 ml) füllen und mit den Limettenscheiben bedecken. Die Stiele durch die Mitte der Limettenscheiben hineinstecken und die Masse 5–6 Stunden gefrieren, bis die Eislollis fest sind.

Um das Eis herauszulösen, die Förmchen einige Sekunden in warmes Wasser tauchen und die Eislollis vorsichtig am Stiel herausziehen.

Wassermelonen-Lollis

Süße Abkühlung

Zutaten für 8 Stück

- 500 g Wassermelonen-fruchtfleisch, entkernt und gehackt
- 100 ml Läuterzucker (s. S. 188)
- 1 EL sehr fein gehacktes frisches Basilikum
- fein abgeriebene Schale von 1 Limette
- 16 kleine frische Basilikumblätter

So geht's

Wassermelone, Läuterzucker, gehacktes Basilikum und Limettenschale im Standmixer oder mit dem Stabmixer glatt pürieren.

Je 2 Basilikumblätter in acht Eisförmchen (à 80 ml) geben und die Wassermelonenmischung einfüllen. Die Stiele hineinstecken und die Masse 6 Stunden gefrieren, bis die Eislollis fest sind.

Um das Eis herauszulösen, die Förmchen einige Sekunden in warmes Wasser tauchen und die Eislollis vorsichtig am Stiel herausziehen.

Sommerfrucht-Smoothie

Süße Abkühlung

Zutaten für 2 Personen

- 100 ml kohlensäurehaltiges Mineralwasser
- 4 EL Orangensaft
- 1 EL Limettensaft
- 350 g gefrorene gemischte Beeren, z. B. Blaubeeren, Himbeeren, Brombeeren und Erdbeeren
- 4 gestoßene Eiswürfel

So geht's

Sprudelwasser, Orangen- und Limettensaft im Standmixer oder in der Küchenmaschine kurz verrühren.

Beeren und Eiswürfel zugeben und alles kurz pürieren.

Den Smoothie auf zwei Gläser verteilen und sofort servieren.

Zitronenschaum

Süße Abkühlung

Zutaten für 4 Personen

- abgeriebene Schale und Saft von 1 großen Zitrone
- 4 EL trockener Weißwein
- 50 g Feinstzucker
- 300 g Schlagsahne
- 2 Eiweiß
- Zitronenzesten, zum Dekorieren
- Löffelbiskuits oder zartes Spritzgebäck, zum Servieren

So geht's

Zitronenschale und -saft zusammen mit Wein und Zucker in eine Schüssel geben. Gut verrühren, bis der Zucker vollständig aufgelöst ist. Die Sahne zugießen und die Mischung mit einem elektrischen Handmixer aufschlagen, bis die Creme dick ist.

Das Eiweiß in einer zweiten Schüssel schaumig rühren. Vorsichtig unter die Sahnemischung heben.

Den Zitronenschaum mit einem Löffel auf vier Dessertgläser verteilen, mit Zitronenzesten dekorieren und sofort mit Biskuits servieren.

Prosecco-Sorbet

Süße Abkühlung

Zutaten für 4 Personen

- 150 g Feinstzucker
- 150 ml Wasser
- 1 dünn abgezogener Streifen Zitronenschale
- Saft von 1 Zitrone
- 350 ml Prosecco
- Trauben und frische Minzezweige, zum Dekorieren

So geht's

Zucker und Wasser mit der Zitronenzeste in einen kleinen Topf geben. Bei schwacher Hitze rühren, bis sich der Zucker auflöst, dann 2–3 Minuten auf die Hälfte einkochen. Den Sirup abkühlen lassen und die Zeste entfernen.

Zitronensaft und Prosecco in den Sirup rühren. Die Mischung in eine Eiscrememaschine füllen und nach Anleitung des Herstellers zu Sorbet verarbeiten. Alternativ in einen Gefrierbehälter geben und unabgedeckt einfrieren, dabei jede Stunde umrühren, um die Eiskristalle aufzubrechen, bis das Sorbet gefroren ist.

Zum Servieren das Sorbet bei Zimmertemperatur leicht antauen lassen und zu Kugeln geformt in Eiscremegläsern anrichten. Mit Trauben und Minze dekorieren und servieren.

Melonen-Limonade

Süße Abkühlung

Zutaten für 1 Person

- ½ Honigmelone, in dicke Scheiben geschnitten und Schale entfernt
- 1-cm-Stück frische Ingwerwurzel
- 1 Birne, halbiert
- 1 kleine Handvoll Eiswürfel (nach Belieben)
- 125 ml kaltes kohlensäurehaltiges Mineralwasser

So geht's

Melone, Ingwer und Birne in dieser Reihenfolge entsaften.

Ein Glas zur Hälfte mit Eiswürfel füllen, falls verwendet, und den Saft hineingießen. Mit Sprudelwasser auffüllen und sofort servieren.

Himbeer-Limonade

Süße Abkühlung

Zutaten für 4 Personen

- 2 Zitronen
- 100 g Zucker
- 100 g Himbeeren
- einige Tropfen Vanille-extrakt
- gestoßene Eiswürfel
- kohlensäurehaltiges Mineralwasser
- frische Minzezweige, zum Garnieren

So geht's

Die Enden der Zitronen abschneiden, dann das Fruchtfleisch auslösen und zerkleinern.

Das Fruchtfleisch mit Zucker, Himbeeren, Vanilleextrakt und Eis in einen Standmixer geben und 2–3 Minuten verarbeiten.

Vier Longdrinkgläser zur Hälfte mit gestoßenem Eis füllen und den Cocktail darüber abseihen.

Mit Mineralwasser auffüllen und mit Minze garnieren. Sofort servieren.

Sangria

Süße Abkühlung

Zutaten für 6 Personen

- Saft von 1 Orange
- Saft von 1 Zitrone
- 2 EL Zucker
- gestoßene Eiswürfel
- 1 Orange, in dünne Scheiben geschnitten
- 1 Zitrone, in dünne Scheiben geschnitten
- 1 Flasche gekühlter Rotwein
- Zitronenlimonade, (nach Geschmack)

So geht's

Orangen- und Zitronensaft in eine große Karaffe gießen und rühren.

Den Zucker hinzugeben und umrühren, bis er sich auflöst. Dann einige Eiswürfel, Zitrusfrüchte und Wein hinzufügen und 1 Stunde ziehen lassen.

Nach Geschmack mit Zitronenlimonade und mit gestoßenem Eis auffüllen. Sofort servieren.

The Gunner

Süße Abkühlung

Zutaten für 1 Person

- 4–6 Eiswürfel
- 50 ml Zitronensaft
- 2–3 Spritzer Angostura (nach Belieben)
- 200 ml alkoholfreies Ginger Beer
- 200 ml Zitronenlimonade

So geht's

Alle Zutaten in einem Longdrinkglas vermischen.

Probieren und nach Geschmack mehr Angostura hinzufügen. Sofort servieren.

Register

Artischocken-Paprika-Fladen 66
Auberginen-Crêpesröllchen 50
Auberginen-Curry 68
Auberginen-Pâté 36
Avocadosalat 8
Beeren im Joghurtmantel 166
Caponata mit Ciabatta 80
Chickenwings mit scharfer Sauce 86
Eiscreme mit grünem Tee 178
Erbsen-Kräuter-Suppe 24
Erdbeereis mit Kokosmilch 176
Garnelen-Paprika-Rollen 160
Gazpacho aus gelben Tomaten 22
Gebackener Fenchel 62
Gebackener Wolfsbarsch 132
Gebratene Jakobsmuscheln 146
Gefüllte Auberginen 58
Gefüllte Tomaten 54
Gegrillte Ananas 170
Gegrillte Garnelen 150
Gemüse-Tortilla 72
Griechische Salat-Crostini 38
Gurken-Raita 74
Himbeer-Limonade 202
Honig-Aprikosen-Lamm 118
Indonesische Rindfleischspieße 106
Insalata Caprese 16
Italienisches Vanilleeis 172
Jamaikanische Spieße 88
Joghurt-Himbeer-Eis 188
Joghurt mit Erdbeeren 164
Karibische Fischspieße 122
Knuspriger Chili-Tintenfisch 142
Kokosgarnelen 138
Krebs-Wantans 136
Kreolisches Huhn 90
Lachs-Dill-Küchlein 130
Lachs mit Mango-Salsa 124
Lachs-Spargel-Rollen 158
Lammkarrees 110
Lammkoteletts mit Joghurt 114
Leichter Putenburger 92
Limetten-Chili-Sorbet-Lollis 190
Meeresfrüchte-Curry 144
Meeresfrüchte-Pasta 148
Melonen-Artischocken-Salat 10
Melonen-Limonade 200
Melonen-Tomaten-Suppe 26
Mexikanischer Reis 32
Mexikanischer Thunfisch 126
Mini-Paprika mit Hähnchen 18
Muscheln in Weißwein 152
Obstspieße 168
Paprikaciabatta 42
Pikante Lammsteaks 112
Pistazieneis 174
Prosecco-Sorbet 198
Putenschnitzel mit Parmaschinken 94
Ratatouille 70
Reissalat-Tropicana 76
Rindfleischstreifen mit Salsa 108
Sangria 204
Scharfsaure Zucchini 52
Schaschlikspieße 116
Schinken-Melone auf Spargel 20
Schnelle Paella 134
Schweinefleisch-Körbchen 100
Schweinefleisch süßsauer 98
Schweine-Spareribs mit Chili 96
Seezunge in Chilijoghurt 128
Senfsteaks mit Tomaten-Relish 102
Sommerfrucht-Smoothie 194
Sommergemüse mit Quinoa 60
Sommerliche Beerentorte 182
Sommerliche Gemüsespieße 48
Sommerliche Hühnersuppe 28
Sommer-Tacos 82
Sonnenschein-Risotto 30
Sorbet aus roten Beeren 180
Spargelschiffchen 44
Spargel-Tomaten-Salat 12
Surf-&-Turf-Spieße 140
Sushi-Schiffchen 154
Tabasco-Steaks 104
Tarte Tatin mit Tomaten 78
The Gunner 206
Thunfisch-Sesam-Rollen 156
Tomatenbruschetta 40
Überbackene Eisbomben 186
Überbackene Zucchini 64
Wassermelonen-Lollis 192
Wraps mit Röstgemüse 34
Zitronen-Käsekuchen 184
Zitronenschaum 196
Zucchinipizza mit Feta 56
Zucchinisalat mit Minzedressing 14

Wok
Grillen
Nudel Gerichte
Salate
Tapas
Schokolade
Schnelle Gerichte
Cocktails
Desserts
Partyküche
Cupcakes & Muffins
Vegan
Säfte & Shakes
Studenten Küche
Vegetarisch
Backen